基于化学核心素养理念下的教学实践研究

黄荣　冯长坪　黄传印　著

中国纺织出版社有限公司

内容提要

化学学科是通过探索原子、分子的特征和行为，来认识物质的组成、结构、性质和变化的一门学科，具有不同于其他科目的特点，包括科学探究的过程、理解宏微结合的思想和应用化学语言能力等。本书以化学学科为背景，结合时代特征，探索化学核心素养的内容体系，在为本学科教学实践提供参考的同时，也为其他学科核心素养理念下的教学实践提供了研究思路。

图书在版编目（CIP）数据

基于化学核心素养理念下的教学实践研究 / 黄荣，冯长坪，黄传印著 . -- 北京：中国纺织出版社有限公司，2019.12（2025.1 重印）

ISBN 978-7-5180-6799-2

Ⅰ. ①基… Ⅱ. ①黄… ①冯… ①黄… Ⅲ. ①中学化学课—教学研究 Ⅳ. ①G633. 82

中国版本图书馆 CIP 数据核字（2019）第 217528 号

责任编辑：华长印　李淑敏　　责任校对：高　涵
责任印制：何　建

中国纺织出版社有限公司出版发行
地址：北京市朝阳区百子湾东里 A407 号楼　邮政编码：100124
销售电话：010 — 67004422　传真：010 — 87155801
http: //www.c-textilep.com
中国纺织出版社天猫旗舰店
官方微博 http: //weibo.com/2119887771
永清县畔盛亚胶印有限公司印刷　各地新华书店经销
2019 年 12 月第 1 版　2025 年 1 月第 2 次印刷
开本：880 × 1230　1/32　印张：3.5
字数：90 千字　定价：48.00 元

前　言

2001年5月，国务院《关于基础教育改革与发展的决定》〔国发（2001）21号〕进一步明确“加快构建符合素质教育要求的新的基础教育课程体系”。《国家中长期教育改革和发展规划纲要（2010—2020年）》把坚持“德育为先，能力为重，全面发展”作为未来教育发展的战略主题。在21世纪初期，我国新课程提出了“知识与技能”“过程与方法”“情感态度与价值观”三维目标体系。

随着国际上教育理念的不断改革，欧盟、联合国教科文组织、经济合作与发展等组织提出“核心素养”教育理念，相继研究了相关概念及内容体系的建构。随后，美国、澳大利亚和日本等国家也做了相关研究。

我国教育部以教基二（2014）4号文印发《关于全面深化课程改革，落实立德树人根本任务的意见》首次提出：“教育部将组织研究提出各学段学生发展核心素养体系，明确学生应具备的适应终身发展和社会发展需要的必备品格和关键能力。”依据总体框架研制不同教育阶段学生核心素养的结构模型，进一步形成可操作、可测量、可评价的指标体系。

化学课程标准把“提高21世纪公民的科学素养”作为课程的基本理念。2003年《普通高中化学课程标准》提出的宗旨是在九年级义务教育的基础上全面提高学生的科学素养，指出高中化学课程要关注学生的化学基础知识和基本技能，立足化学学科特点使学生了解化学对科技、生活及社会发展带来的巨大变化，加深对物质世界的认识，重视学生体验科学探究的过程，教学中渗透科学研究的基本方法，培养学生的创新精神和实践能力。

由此看来，在新课改以来，我国基础教育提倡“素质教育”“人的全面发展”“三维目标”等教育理念，其促进着基础教育方向的变革。然而“核心素养”教育思潮的出现为基础教育提供了新的方向，学科核心素养的研究也接踵而来。

化学学科是通过探索原子、分子的特征和行为，来认识物质的组成、结构、性质和变化规律的一门学科。化学科目具有不同于其他科目的特点：体验科学探究的过程、理解宏微结合的思想和应用化学语言的能力等。其教育的“核心素养”引领着社会的进步，以及他人和自我的发展。以化学学科为背景的核心素养是什么？如何通过一线教学渗透化学核心素养？这都是有待研究的问题。

本书以化学专业学科为背景，结合时代特征，探索化学核心素养的内容体系，为其他学科核心素养理念下的教学实践提供了研究思路。

作者

2019年12月

目　录

第一章

化学核心素养内容体系探索的理论依据

关于化学核心素养的概念界定和体系探索并不是毫无根据的。其以终身教育理论为指导思想，以建构主义学习理论为教学方法，以经合组织理论建构模型为体系探索的指导模型。

第一节　终身教育理论

终身教育理论是在成人教育发展的基础上产生的。“终身教育”一词于20世纪20年代被提出，此后，经过杜威等人的发展，被人们所接受。20世纪60年代，终身教育理论作为一种新的教育思想潮流深入人心。1968年在联合国教科文组织的教科文大会上，“终身教育”作为改革教育制度、制订教学计划的指导思想，首次被明确提出，打开了学校教育的围墙，把教育引申到社会的各个方面，从而形成贯彻一生的品质和能力，其包括学校教育、社会教育、正式教育和非正式教育。

终身教育理论作为一种特殊的教育理论，各界学者都提出了各自观点。在国外苏格拉底、柏拉图等思想家的作品中体现出终身教育的萌芽。朗格朗在《终身教育引论》著作中所阐述的观点是：强调终身教育的连续性、整体性和随机性；突出兴趣原理；注重小组学习法；重视创新性和非指导性的教育方法。我国孔子在《论语·为政》中讲道：“吾十有五而志于学，三十而立，四十而不惑，五十而知天命，六十而耳顺，七十而从心所欲，不逾矩”，其意指一个人的学习要贯穿人的一生从而达到“而立”“不惑”“知天命”“耳顺”“从心所欲”“不逾矩”的境界；陶行知在“生活教育理论”中提道“生活即教育、社会即学校、教学做合一”的教育思想理念，主张教育要以生活和社会为中心，提倡“教学做”的学习方法。也有学者对其基本观点如下：

（1）体现教育机会均等和教育民主。

（2）终身教育建立在四个支柱的基础之上。

（3）终身教育的终身性。

（4）寻求教育的协同作用。

（5）终身教育的意识。

（6）关注与生活的联系。

我们可以看出，终身教育理论在教育体系中具有不可磨灭的作用。一方面，从社会的角度来看，我们的教育要突破学校的枷锁，注重与生活联系以培养适应社会快速发展的新型人才。化学科目作为科学的重要组成部分，承担着人类社会能源、材料、医药、环境等方面的责任，对人类社会的进步有着无可厚非的作用。另一方面，从个人发展角度考虑，教育要注重教育整体性和连续性，那这些教育性质如何实现呢？关键之一就是和学校科目联系起来。整体性：教育是培养人的活动，新课改以来，我们提倡人的全面发展，从“双基”到“三维目标”再到“核心素养”，这些都说明教育要通过学校课程的学习实现人的整体性发展。连续性：学校课程的学习具有有限性，为了适应社会的发展，只有将学校所学课程延续，那怎么延续呢？如果学生通过学校课程习得了终生难忘的解决问题的方法，那我们就可以实现教育的连续性。

由此可见，终身教育理论可以作为化学核心素养概念界定和体系探索的指导思想。

第二节　建构主义学习理论

20世纪80年代建构主义学习理论兴起，随着科学技术的迅速发展，逐渐走向成熟化。“建构主义”不是单个学习理论，而是许多研究者理论的综合，这些理论既有相似性又有差异性。其突破了“客观主义认识论”，从新的视角突出“主动建构，社会互动和情境化”的重要性。关于建构主义的代表性学习观的基本观点如下：

首先，学生的学习不是简单的吸收、记忆和应用外界知识和信息，而是学习者根据已有的经验主动建构知识。建构主义的学习和教学则要求学生通过高水平的思维活动来学习。所谓高水平思维活动是一种较高认知努力的思维活动，需要学习者对知识进行分析、综合、评价和灵活应用，解决具有一定的复杂性和不确定性问题。

其次，学生的学习不是简单地在头脑中进行的活动，而是在一定社会情境下进行的有意义建构。建构主义强调，学习是学习共同体在一定的社会文化的参与下，习得并内化相关知识和技能的过程。这里的学习共同体是学习者和助学者构成的团体，他们之间相互交流，分享学习资源共同完成学习任务。

最后，学生学习的内容并不是简单地概括知识，而是应该与情境化的社会实践活动结合起来。情境是千变万化的，我们所学知识也会随情境的变化而变化，也就是说当我们应用概括的知识去解决现实生活中存在的真实问题时，难以有效地解决问题。建构主义提出了“情景化认知”来解决此问题。情景化认知是指知识不是脱离物理情境和社会情境所形成的简单的符号表征，而是在具体的情境活动之中的。

综上所述，我们可以看出：建构主义学习论的基本观点和核心素养基本吻合。第一，应用学生学习的主体性以此来建构学生的高水平思维。高水平思维不仅可以多元地解决复杂问题，而且对新信息和现象能高效地加工、推理和应用。核心素养关注的是普通的、重要的能力和品质，高水平思维就是一种解决问题的重要品质。第二，学习共同体中体现了协商、互动和协作，这些促进了有意义学习：智慧分享、认知整合和思维精致化。尤其是在此过程中学生体验并享受合作，并了解分享的重要性。核心素养是伴随个人一生的，合作和分享是为人处世的关键一部分。第三，情景化认知联系真实生活，使学习形象化、通俗易懂，核心素养要求学生能在社会情境变化中发现问题、解决问题。

总之，建构主义学习理论为化学核心素养指导下的教学提供了有价值的参考。

第三节　核心素养理论建构模型

20世纪60年代以来，一些发达国家启动了以“能力为本”和“标准为本”的教育改革，随着时代的发展，从基本的“知识和技能”到“三维的整合”，能力为本的教育目标已无法适应新时代的要求，随之也就出现了“核心素养”。

核心素养的概念界定和内容体系建构一直是国内外教育学者研究的问题。比较认可的“核心素养”概念是：在一定时期能够帮助个体实现自我、成功生活与融入社会的最关键的、重要的必备品格和关键能力。基于不同的教育理念，核心素养内容体系大致有四种类型：成功生活取向、个人发展取向、终身学习取向和综合型取向。笔者在这里以经济合作与发展组织（简称：经合组织；OECD）的“核心素养理论建构模型”为成功生活取向的典型代表，此理论模型在国际理论中算是比较成熟的，以此作为内容体系建构理论基础。

核心素养理论建构模型是在经济合作与发展组织（OECD）启动的“素养的界定与遴选：理论和概念基础”项目（以下简称DeSeCo项目）中研究的成果之一。DeSeCo项目以“健全的社会和个人的愿景”为出发点，综合各个领域、不同科目的顶级专家的观点从而确定核心素养的成分和核心素养理论建构模型。

一方面，DeSeCo项目团队指出：核心素养与民主价值观的原则是保持一致的。这包括尊重法律，重视教育对知识的传授、技能和素养的培养，以及终身学习等。核心素养可以使个人拥有良好的、成功的生活，DeSeCo项目研究成果不是研究者凭空想象出来的，而是在一定的社会背景、经济条件和政治条件下，个人需要满足那些素养才能友好地与他人相处，并正确地认识自我以及融入社会环境中。

另一方面，DeSeCo项目邀请了不同领域的专家对核心素养理论建构进行了探讨，英国著名心理学家海伦·希瑟斯（Helen Haste，哈佛大学客座教授）强调要在特定的文化、社会和语言环境下研究个人的核心素养。

DeSeCo项目综合了上述的观点建构了核心素养理论模型。

DeSeCo项目核心素养理论要素有三个：在社会异质群体中

互动、自主行动、使用工具。

笔者在此以化学学科的特点为背景，结合上述理论模型将展开化学核心素养的探讨。

第二章

化学核心概念辨析

第一节 化学核心素养的含义

一、核心素养

要讨论“核心素养”的含义，首先要明确关键词“核心”和“素养”的含义。

核心是指向事物本质的，对事物全局起支撑性和持续促进发展的作用。核心应是事物的关键之所在，是事物的基础，对事情的发展起着引领的作用。

素养的英文为“Literacy”，由拉丁词演变而来，原意是“学问”；在《辞海》中的含义是：经常修习涵养，如人文素养、艺术素养和文化素养等；在《现代汉语词典》中的解释是“平日的修养”，一指“理论，艺术，思想”等方面达到一定的水平，二指“养成的正确的待人处世的态度”。素养指一个人的修养，包括思想政治素养、文化素养、业务素养、身心素养等。素养是人在接受教育、训练和实践中获得的，指的是个人在后天通过学习而习得的内在和外显的综合涵养。素养有不同的分类：根据内容不同可以分为科学素养、人文素养和文化素养等；根据功能的不同可以分为一般素养和核心素养。

已有组织对核心素养进行定义。2002年3月，欧盟委员会指出：“核心素养代表了一系列知识、技能和态度的集合，它们是可迁移的、多功能的，这些素养是每个人发展自我、融入社会及胜任工作所必需的”。2014年3月，我国教育部印发《关于全面深化课程改革，落实立德树人根本任务的意见》中提出：学生应具备的适应终身发展和社会发展需要的必备品格和关键能力。蔡清田认为“核心素养”指的是较为核心而重要的素养，即个体为了发展成为一个健全的个体，必须适应生活情境的需求所不可欠缺的最基本的、最本质的知识、能力与态度。

笔者认为核心素养是个人为了健全自身人格，友好与他人相处和适应社会发展所具备的关键知识、能力和品格。

二、化学核心素养

要定义化学核心素养的内容，首先要理解化学素养和化学核心素养、学科核心素养和化学核心素养两组概念的关系。

1. 化学素养和化学核心素养

化学素养是科学素养的一种，科学素养是新课程改革以来科学课程重要的教学目标。化学素养是个体能够应用化学相关知识和技能解决个人、他人和社会中所遇到的问题的能力。化学核心素养与化学素养相比，具备少而精的特点。

2. 学科核心素养和化学核心素养

学科核心素养是学生发展核心素养重要的组成部分。核心素养是国家新课程改革最高层次的教育目标，具有综合性、层次性和普遍性等特点。核心素养要得以实现必须以各个学科为背景。学科核心素养是以某学科为背景并结合核心素养，突出本学科的本质以实现育人价值。化学核心素养是学科核心素养的一部分，在最新的《普通高中化学课程标准框架》中第一次提道了化学学科核心素养的概念，认为化学学科核心素养是科学素养在化学课程中的具体体现，是学生具有化学学科特质的关键能力和品格。学生通过普通高中阶段的化学教育，在“科学认识与观念”“科学思维和方法”“科学探究与实践”“科学态度与价值观”等方面全面发展的具体要求，即为化学学科核心素养。王云生在“基础教育阶段学科核心素养及其确定——以化学学科核心素养为例”中，从化学哲学、高中化学课程内容和教育哲学的视角阐述了化学学科核心素养的内涵。笔者认为化学核心素养是以宏微结合的思想、化学语言的应用和科学探究的方法等学科特点为基础结合核心素养的内容体系以满足个体具备健全的人格、友好与他人相处和适应社会发展的关键能力和品质。

3. 高中化学核心素养

我国中学化学课程设置是“三阶段”结构：义务教育段、高中必修段和高中选修段。高中化学学科的核心素养是：以培养学生完美人格和终身学习能力为宗旨，指导学生从更高的视野和境界上自我发展。高中化学核心素养以高中化学基本的概念原理、实验探究、元素化学和化学计算为知识载体。

三、化学核心素养的特点

1. 科学性

科学性是指概念、原理、定义和论证等内容的叙述是否清楚、确切，历史事实、任务以及图表、数据、公式、符号、单位、专业术语和参考文献写得是否准确，或者前后是否一致等。化学属于自然学科，其素养特点建立在科学研究之上。我们提倡化学核心素养教育，但不能违背了科学知识的真实性。

2. 普遍性

化学核心素养在未来的教育当中具有普适性。在我们学习钠、铝、铁、铜、硅、氯、硫、氮八大元素时认识到，这八大元素哪个不与我们的生活息息相关呢？硅元素与我们的地球地壳，氯元素与海洋，硫和氮元素与环境，硝酸和硫酸与工业生产等均关系紧密。

3. 特殊性

化学核心素养是以化学学科为背景的。化学知识的特殊性决定了化学核心素养的特殊性。

（1）研究视角的特殊性：化学是在微观的视角上研究物质的。

（2）研究方法的特殊性：化学实验是学习和研究化学的主要途径等。因此，在化学核心素养的探索上，一方面在化学知识的教学中，只有具备了“微粒观”这个最基本而又特殊的观念，我们才能正确认识和掌握该学科所具有的基础知识和基本能力，在此基础上才能把握其学科核心素养，另一方面掌握化学学科基本的学习方法和研究方法，才能够更好地研究该学科的本质，以提高个人化学核心素养。

4. 层次性

通过我国化学课程和教材设置在知识的组织结构中可见，中学化学课程是以螺旋式上升，构成了初级中学、高级中学必修、选修和大学的阶段性。比如原子结构这一知识点，在初中化学上册第三章，高一必修化学2、选修3和大学物质结构。化学核心素养的培养并不是凭空想象的，而是建立在一定的双基之上的；所以我国课程安排的螺旋式决定了知识教学的层次性，同时也决定了我国化学核心素养的层次性。

四、化学核心素养内容体系的探索

化学核心素养内容体系模型的建立是以终身教育理论、建构主义学习理论和核心素养建构理论模型为理论基础，通过国内外核心素养内容体系的经验总结、化学课程背景下的时代特征和学科特点来探索化学核心素养内容体系。

国内外一些组织、国家和个人对核心素养内容体系已进行了相关建构和研究。核心素养结构形式多样，由于问题出发点和逻辑建构的不同，也就造就了纷繁复杂的内容体系。在当今新的时代下，核心素养的内容体系势必要适应社会的发展，以及符合与他人交往的特质和满足自我发展的需要。因此，核心素养内容体系不外乎从社会的发展、与他人友好发展和自我的发展三个角度进行建构。

终身教育理论告诉我们，学校课程的学习已不能满足当今社会发展的要求。如何使学生的学习适应终身教育的理念？这就要求核心素养的内容发挥其应有的价值。

第一，核心素养必须与社会发展步调一致。

第二，核心素养的教学过程中，学生体验与他人合作的愉悦感和重要性得以体现。

第三，核心素养使学生认识自己，构建解决问题的思维模式，学会思考并超越自己。

第二节　化学核心素养内容体系的探索

一、化学课程时代特征

1．化学是现代人类生活的物质支柱

化学作为一门自然学科，支撑着人类的经济，保证着人类的生活质量。能源、医药、材料、信息和环境等都与化学息息相关。新能源的开发不仅解决了我国能源紧缺问题，而且优化了传统的能源结构，新药品的研制使人类的寿命再次延长。

2．化学与其他学科的渗透和交叉

化学作为科学的一个分支，与物理和生物学科的交叉更加明显。近年来，更多的化学工作者投身到研究生命和材料的队伍当中去。化学学科在自身得到不断发展的同时，也推动着其他学科领域的发展。

二、化学课程学科特征

化学是在原子、分子水平上研究物质的组成、结构、性质及变化规律的一门科学。

1．从微观的视角学习化学物质

从微观的视角研究化学物质是化学学科的特点。化学课程告诉人们能从微观的视角认识世界和解释生活中的基本现象。学生在中学阶段的化学课程中学习到的微观粒子有原子、原子核、质子、中子、电子、分子、粒子、原子团和基团。物质是由微观粒子组成的，这些微粒是很小的，微粒不是静止不动的，它始终处于运动状态，这些微粒之间可以相互转换和反应。

2. 用化学用语表示化学物质

化学用语是化学科目中的一种特殊的语言，化学语言是在化学学科产生和发展过程中形成的特有的学科语言，是化学研究与学习活动中进行表达、交流、加工、储存、传承化学思想信息的手段与工具。从语言分类学角度看，化学语言系统包括符号语言、文字语言和图表语言三类。符号语言又叫化学用语，化学用语通常指元素符号，其指的是化学式、化学方程式（离子反应方程式、氧化还原反应方程式）、结构示意图（原子、离子、分子）和电子式等特殊符号。文字语言是应用化学术语的一种最简单易懂的表达方式，其用于概念、原理和化学实验过程现象的描述。比如："电解质""可逆反应""检漏、定容""出现白色沉淀"等。图表语言是指承载化学信息的图或表，如制取氯气的实验装置图、分析气体摩尔体积的分析表等。

3. 化学实验是研究化学物质的重要方法

化学实验是高中化学重要的组成部分，是培养学生动手能力、实践创新能力的载体。目前高中阶段研究物质的化学实验有物质的获取、物质检测和研究性实验，尤其是探究性的化学实验更是科学探究的一种体现。化学实验探究有利于激发学生对科学的兴趣、理解科学的本质，从而培养学生科学的行为习惯和创造性思维，使他们学会发现问题、提出问题并且解决问题。在高中阶段主要的实验探究的设计思路如下：创设性提出问题——收集事实材料——分析归纳——提出假设——验证假设——得出结论——交流讨论与应用。

4．用化学核心观念来统领化学物质

化学核心观念是化学知识高层次的概括，是化学特征和化学本质的深刻理解，具有超越知识的持久性和情境迁移的灵活性。对化学学科来说，掌握其核心观念有着重要的意义。

第一，学生学会举一反三，达到事半功倍的效果。

第二，理解化学学科的本质，学会由表及里地分析问题。总之，化学核心观念统领整个高中化学的学习，具有代表性的核心观念有元素观、变化观、微粒观、分类观等。

三、化学核心素养内容体系

探索化学核心素养内容体系并不是一蹴而就的，而是在核心素养内容体系的基础上再结合化学课程背景下的时代特征和学科特征探索化学核心素养体系，思路如图2-1所示。

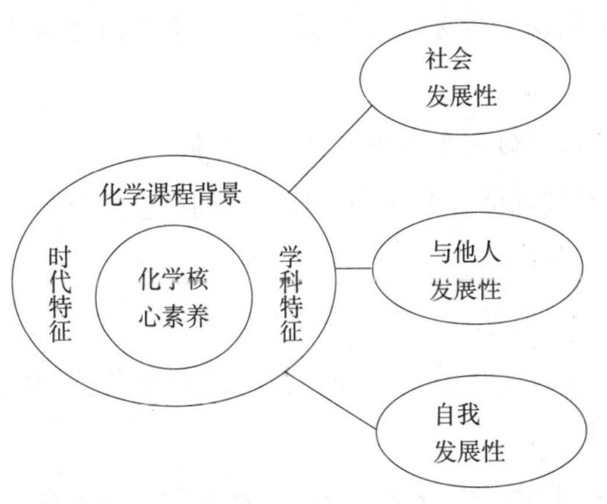

图2-1　探索化学核心素养内容体系思路

1. 从社会发展的视角分析化学核心素养

社会的发展离不开物质。物质的制取和使用都离不开化学。化学核心素养的首要对象就是物质。

第一，物质的发现和合成意识。火的使用表明原始人类进入了初步文明时代。火属于化学的一种燃烧现象，它的出现使人类能够适应自然并改造自然，告别了生吃食物的时代，随后人们学会了用火来制陶瓷炼铁等，推动我国历史依次发展为石器时代、青铜时代、铁器时代。物质的发现和合成，为社会发展做出了贡献。

第二，环保意识。物质的使用是一把双刃剑，物质可以满足人类的衣食住行，但也可以破坏我们的生存环境，比如，化学物质氟利昂既可以用作空调制冷剂也可以破坏臭氧层；二氧化硫既是硫酸工业的原料又是造成酸雨的元凶。

第三，物质节约意识。人类生活在同一个地球上，使用着地球给予我们的共同的物质资源，比如，人类生命之源——水，虽然地球上70%是水资源，但是人类所需的淡水资源占比少之甚少。

2. 从与他人友好相处的视角分析化学核心素养

建构主义提倡学习共同体，要求我们在一定的社会文化背景下懂得交流分享和互助合作。

第一，化学是一门自然学科，有自己与世界对话的方式——化学语言。化学语言作为一种符号表征，没有国家和民族的限制，是国际通用的语言。

第二，化学作为科学的一个分支，与物理和生物共同支撑着人类社会的发展。物理化学和生物化学的发展，足以说明化学与其他科目的分享交流、互相合作为人类社会做出了贡献。另外，化学科目不同的知识类型之间相互交融为化学发展提供了服务。

3. 从个人发展的视角分析化学核心素养

终身教育要求学生具有终身学习的能力。终身学习能力如何实现?

第一，人具有主观能动性，能独立地思考问题、解决问题。建构主义要求教学要培养学生的高思维水平。DeSeCo项目以“反思力”为核心建构了核心素养理论模型。“主观能动性，高水平思维和反思力”都强调的是人的思维能力。换句话说，学生应具有独立思考的思维能力，能够应用这种能力解决人生中遇到的各种问题。化学作为理科科目，有着其核心的思维视角、思维理念和思维创新。

（1）思维视角。化学与物理不同之处就在于它是从微观的角度去学习物质，学会由表及里的思考问题并解决问题。

（2）思维理念。化学核心观念属于化学思维理念，其反映的是化学科目的本质和特征，是知识的高层次概括，其统领整个化学科目的学习。

（3）思维创新。化学实验作为科学探究的一种形式，是消除化学物质未知和已知之间的沟壑，通过观察、思考、分析各种各样化学实验现象，学生思维得到开发，从而达到思维创新的目的。

第二，人作为社会中的人，分享、交流和合作是参与社会活动时必不可少的。在学校学习中，小组合作的学习方式是培养学生这些能力的主要渠道。

第三节　核心素养理念指导下元素化学单元教学设计

一、核心概念辨析

1. 教学设计

教学设计是以学习论、教学论、教育传播学等作为指导教师教学的理论依据，采用系统方法，借助信息技术等手段，分析学生学习需要、确定其学习目标和任务体系，整合教学策略、制定解决方案，开展评价活动和试行解决方案，并在评价基础上改进工作和方案的有序过程。教学设计的目的是实现教与学的最优化。教学设计是教与学的桥梁，是设计教什么、怎么教，学什么、怎么学以及学到什么的重要载体。

2. 单元教学设计

教学设计具有层次性，这就决定了在教学设计中要有学年教学设计、学期教学设计、单元教学设计、节教学设计和课时教学设计。单元教学设计属于中层层次，是连接学期教学设计和课时教学设计的桥梁，是根据章节或单元中不同知识点的需要，综合利用各种教学形式和教学策略，通过一个阶段的学习让学习者完成对一个相对完整的知识单元的学习。

二、设计理念

元素化学的单元教学设计要以“系统论”为基础，以“化学核心素养”为核心，以“单元教学设计理念”为重点，实现化学核心素养理念指导下的单元教学设计的有效性和实用性。

1. 问题链——促进化学核心思维的建构

问题是思考的来源，合理的问题设置有助于激发学生思考，进而形成化学核心素养的思维模式。那么如何设计问题才能符合学生思维的发展特点呢?

（1）注重问题的连续性。问题的设置要环环相扣、紧扣主题，保证学生思维活动的连续性和逻辑性。比如，在学习“二氧化氮溶于水的化学性质”的科学探究时可以设置以下三个问题：① 我们看到了什么现象？② 现象说明了什么？③ 我们得出的结论是什么?

（2）注重问题的启发性。“循循善诱，启发诱导”都是教学的重要原则。例如，在讲“氨气溶于水”的喷泉实验时，我们可以用问题启发学生去思考，为什么会形成喷泉？形成原理是什么，还有哪些试剂可以形成喷泉？为什么会出现红色?

（3）注重问题的基础性。学生的学习具有阶段性，每个阶段都有其学习内容，不能超越学生当前阶段的认知水平去讲解；如在学习了“物质的量”以后让学生计算二氧化碳中化学键的个数，类似这样的问题超出了学生的学习范围，不利于学生的思维建构。

2. 设置情境——感受化学存在的真切

情境教学是在学习理论建构主义的基础上发展起来的。情境的创设是激发学生思考的关键，教学中的情境可以来源于新闻、经典故事、史料、生活常识和化学实验等。

通过情境设置问题，激发学生思考、联想和创新，从而让学生感受化学的真实存在。比如，讲“王水”的时候我们可以：①设置情境，使提问有理有据。可以以给学生讲故事的方式：丹麦有位化学家叫玻尔，1922年获得了诺贝尔奖，可是，在第二次世界大战期间，敌人要占领他的国家，为了奖牌不落入敌人之手，他把奖牌放入了一种叫王水的溶液中使奖牌消失，后来战争结束后玻尔从王水中还原出了金牌。② 提出疑问。王水的主要成分是什么？金单质是怎么被还原出来的？③ 学生思考，回答问题。经典故事不仅丰富了学生的知识，而且认识到科学知识的价值所在。如“硫和氮的氧化物”一节教材设置的情景是：“重点城市空气质量日报”，通过设置问题——“空气中的污染物是什么？是怎么来的？”，如此这样便轻松地进入了教学；“富集在海水中的氯”“氨”等都是以史料创设情境。

3. 化学实验——体现生活化、趣味化和绿色化

新课程改革后，我国的化学实验注重的是生活化、趣味化和绿色化。化学实验生活化可以提高学生的科学兴趣，感受到化学是无处不在的，同时体会学以致用的乐趣。例如，化学1中“氯水消毒自来水”“维生素C可以还原三价铁盐”等。实验的趣味化有助于激发学生学习动力，比如，在化学1中二氧化硅可以做防火材料——“烧不坏的手帕”；钠与水反应——“滴水着火”。绿色化是从环保和节约的角度去考虑的，比如，制取“氨气”。

4. 合理设置活动——体验学习乐趣

教学活动是连接知识与学生的桥梁，丰富着课堂的教学效果，恰到好处的教学活动不仅能够使学生理解知识，而且在此过程中学生也体验到学习的乐趣。在教学中常用的教学活动有：“思考与交流”“科学探究”“实践活动”“学与问”“实验”“科学视野”“资料卡片”“科学史话”，以这些为线索设置各种各样的活动，可以提高学生观察、思考、谈论、阅读和动手实践等能力。除此之外，教师可以根据教学内容和学生实际情况设置课堂活动，比如，小组代表发言、即兴演讲和抢答比赛等。这不仅能够培养学生的动手能力，而且能使学生在活动中享受思考、讨论和阅读的乐趣。

化学核心素养理念指导下的元素化学教学设计理念，促进思维的建构，感受化学的存在，体现化学实验的探究化、绿色化、微型化，体验学习乐趣。

第四节　核心素养理念指导下元素化学单元教学设计方法和模型

一、单元教学设计方法

1. 选择适合化学核心素养发展的教学单元并重组单元教学内容

教学单元的选择决定着教学设计的内容和方向，更决定了培养化学核心素养的内容，如何选择和重组合适的教学单元呢？①符合化学核心素养的社会、他人和个人的价值取向；② 合理设置贴近社会、生活、科学技术的教学情境、问题和科学探究；③选择学生自主思考、易与他人交流合作的教学方式；④ 根据课标、教材和知识的逻辑性重组教学单元。

2. 选择与化学核心素养相配匹的知识载体

大多数学者认为中学化学知识类型可以分为：化学基本概念、基本原理、化学实验和元素化学（包括有机化学和无机化学）。不同的知识类型具有与其相匹配的主要的化学核心素养，基本概念和原理更注重学生思维视角、思维理念和思维逻辑的发展，化学实验更倾向于学生思维创新的开发、合作意识和交流沟通能力的提升，元素化学主要有利于提高学生的发现意识、合成意识、环保意识和节约意识等。当然，一种化学知识类型并不代表单一的核心素养，换句话说，一类知识类型可能承载着化学核心素养方方面面的培养，只不过是具有侧重点而已，在此过程中我们要合理分配不同知识类型的各方面的价值。

3.合理设计各个课时的教学背景、教学活动、教学情境、问题和科学探究

教学背景是单元教学的渊源，恰到好处的教学背景能激发学生的学习兴趣。教学方法是课堂教学成败的关键，是培养学生自主学习、合作学习和探究能力的关键。比如当问题具有一定难度，需要相互启发、共同探讨的时候，就需要学生合作学习。教学情境、问题链和科学探究是否合理选择都决定着课时教学的质量和效率。恰当的教学情境不仅使教学效率达到事半功倍的效果，而且使教学变得生动有趣。需要注意的是以上内容的设计在整个单元设计中要以系统论为基础，不能单一地追求某个课时的教学形式多样化，忽略了这个单元的教学质量和效果。

4. 精心设计各课时之间知识逻辑、化学核心素养实效的衔接

化学知识本身具有内在的逻辑性和系统性，新课改以来我们注重知识的螺旋式上升；也就是说我们的单元教学各课时之间在尊重知识螺旋式上升的基础上实现知识内在的逻辑性和系统性。比如，元素化学教学不仅仅是停留在物质性质的学习上，还需要给学生渗透化学反应中的氧化还原反应、离子反应和化学实验等知识。化学核心素养的形成不可能在一课时内实现，单元教学确定的核心素养要贯穿整个单元的始终，学生在感受、体验和理解的过程中，使之成为学生终身受用的素养。同样，元素化学中“物质环保意识”的渗透，在硫元素、铝元素和氮元素的教学中都有涉及，这就需要我们从不同的角度去设计课时之间的实效的衔接。

5. 化学核心素养教学的实效性测量

化学核心素养的实效性分析属于教学设计中教学评价这一环节，化学核心素养的评价不像双基教学那样易于测量，那么怎么检验其实效性？第一，编制测试化学核心素养内容体系的题型；第二，利用P检验进行显著性分析；第三，根据数据分析得出教学的实效性。

二、元素化学单元教学设计模型

1. 元素化学教学目标分析模型

化学核心素养理念指导下元素化学教学目标的分析离不开课程标准、教材特点和学生的认知特点；元素化学教学目标分析模型是在以上基础上结合化学核心素养内容体系而建立的。

元素化学教学目标分析模型的构成分为3个维度、5个方面、9个内容。

社会发展与元素化学体现在物质性。比如，物质的支柱性、两面性和有限性。在高中化学必修化学1中课程设有金属元素（钠、铝、铁、铜）和非金属元素（硅、氯、硫、氮）八大典型元素，各个元素根据化学原理组成形形色色的物质世界，这些物质世界支持着社会的发展，也给其带来负面影响；同时自然界的化学物质并不是取之不尽、用之不竭的。

综上所述，笔者在此基础上设计了化学核心素养理念指导下元素化学教学目标分析模型。

2. 元素化学单元教学设计模型

基于教学设计的系统理论、基本模式及元素化学的教学特点，笔者设计了元素教学设计模型。

3. 元素化学单元教学设计模型应用的注意事项

（1）处理好整体与部分的关系。整体和部分的关系在此设计中体现在单元教学目标、设计、实施、评价和课时教学目标、设计、实施和评价。整体并不等于部分的简单加和，而是在单元的引导下细化课时的任务，各个课时之间根据认知和人格规律融合成单元整体。在元素化学教学设计时，我们要明确整体的任务是在以上化学核心素养理念的指导下学习八大元素组成的各种物质的组成、结构、性质和变化；部分的任务是各个元素都是一种典型代表通过不同的情境、问题和实验设计。

（2）协调好知识的层次性和素养的动态性的关系。化学核心素养的动态性是在知识的层次性的背景下形成的。知识的层次性决定了化学核心素养的动态性。在元素化学中，学习一种元素和一类物质，一方面通过实验学习其性质，性质决定化学反应，反应决定化学计算等，这就是知识的层次性；另一方面通过实验培养思维创新，性质学习了解物质的支柱性、两面性和有限性，化学反应体验思维理念、教学活动的体验社交技巧等，这就是素养的动态性。知识的层次性和素养的动态性力求步调一致。

第五节　化学核心素养理念指导下元素化学单元教学实践探索

一、化学核心素养理念指导下元素化学单元教学访谈结果及分析

1．访谈提纲设计（附录1）

A.调查对象：某市20名不同年龄阶段的一线教师。

B.调查目的：化学核心素养的认识和理解程度；元素化学教学如何渗透化学核心素养；化学单元教学对化学核心素养的影响程度。

C.访谈提纲问题的设计、编制、修正和访谈。

设计的维度：

（1）对化学核心素养的认识和理解。

（2）元素化学核心素养的渗透。

（3）化学核心素养的渗透与教学设计的关系。

（4）单元教学设计对化学核心素养的影响。根据指标设计问题，再通过其他两位化学教师对提纲可行性的认证，最后访谈实施。

D.访谈地点：各个教师办公室。

2．访谈观点分析及结果

（1）个人访谈代表性的观点。

（2）化学核心素养的认识及理解程度。

代表性观点1：化学是一门自然学科，除了教授本有的化学

知识外，还应该渗透学科的本质；比如，概念原理“离子反应”这个核心概念，在实际教学中除了学习其概念、本质和书写方法外，还应该渗透微粒观、元素观等核心观念，从现象看本质的核心思维理念等。

代表性观点2：化学是一门实用性学科，与我们的社会生活息息相关；化学涉及社会的方方面面，比如，医药、能源、环境等。因此在教学时我认为应与社会生活紧密联系。

代表性观点3：化学与其他自然学科不同的是有其独特的语言，即化学语言。我认为在实际教学中应该渗透化学语言，比如化学式、化学方程式、化学反应装置等。

3. 元素化学核心素养的渗透

代表性观点1：化学1中八大元素钠、铝、铁、铜、硅、氯、氮和硫都是与社会生活紧密联系的。铝、铁、铜元素是现代金属材料不可或缺的；硅元素是无机非金属材料的主角；氯元素是海洋中主要元素之一；氮元素和硫元素是与环境息息相关的核心元素。

代表性观点2：元素化学是高中化学知识类型的一大类，但是对于元素化学的学习应该与核心概念、原理、化学实验、化学计算等紧密联系。比如，在化学1中前两章主要学习的是概念原理和化学实验；在学习第三章和第四章元素化学时就应渗透核心概念物质分类、氧化还原反应和离子反应等。

代表性观点3：元素化学学习的对象主要是典型的化学物质，化学方程式是表现物质之间的反应的符号表征，在学习元素化学时要注重渗透氧化还原反应和离子反应方程式的表征形式，使学生能够从生活中的实际现象转化到化学方程式、化学反应实验装置等化学语言。

4. 化学核心素养的渗透与教学设计

代表性观点1：教学设计的形式多种多样，具有层次性，各自有其优缺点。化学核心素养的渗透需要漫长的过程，不可能通过一个课时或者几个课时的教学就可以实现的。从化学1教材来看是按照知识类型设计的单元学习，换句话说，每个单元代表了一个知识类型，结束了一章后学生头脑中应该具有本章教学内容基本的解决本章问题的思维模式。即在人民教育出版社出版（以下简称“人教版”）的化学1教材体系下，核心素养的渗透应与单元教学设计紧密联系。

代表性观点2：化学核心素养可以说是一种新型的教学目标，不管哪个层次的教学设计，教学目标都是不可或缺的。化学核心素养的目标分析需要结合教师对课标内容、课本内容和学生认知情况的深入研究。

代表性观点3：化学核心素养可以说是一种学生学习化学知识的基本素养，对学生的理解有一定的难度；因此在教学设计时应该围绕化学知识设计一个课时的化学核心素养理念课。

5. 单元教学设计对化学核心素养的影响

代表性观点1：单元教学设计克服了化学核心素养渗透的长久性，较学期教学的设计更有利于素养的模块性教学。

代表性观点2：单元教学设计有助于实现素养的层次性和特殊性。比如，“氧化还原反应”在化学1中第二单元、第三单元和第四单元要求各不相同。化学实验、核心概念、元素化学几种不同的知识类型所要渗透的核心素养有所不同。

6. 访谈观点的分析结果

一线教师对化学核心素养的认识及理解表现在三个方面：渗透科学本质、与社会生活息息相关、化学语言。元素化学核心素养的渗透要从三个角度入手：体现社会生活实际、注意不同知识类型的融合和符号表征的应用。其与理论上探索的化学核心素养三个角度基本一致。

化学核心素养的渗透应与单元教学设计紧密联系，其中核心素养属于教学目标的范畴，对其探索应结合课标内容、教材内容和学生认知情况。

二、化学核心素养理念指导下元素化学单元教学现状调查与分析（教师卷）

1. 调查问卷的设计

A.调查目的：化学核心素养内容体系的认同度、化学核心素养理念指导下元素化学单元教学目标分析和教学设计模型是否具有可行性和实践价值。

B.调查对象：某市一线高中教师62名。

C.调查维度及分布情况：根据化学核心素养内容体系和教学模型的理论研究，结合一线教师的实际情况确定了7个维度，见表2–1。

表2–1 调查内容及问卷分布情况

调查维度	维度分布情况
化学核心素养内容体系	1、2
从社会发展的维度	3、6、18

续表

调查维度	维度分布情况
与他物相处的维度	4、7、8、9
从个人发展的维度	5、10、11
化学核心素养与单元教学	12、15
化学核心素养指导下的元素化学目标分析模型	13、16、19
教学设计模型	14、17、20

D.调查问卷的编制和信度分析。

结合以上调查维度，笔者在高级化学老师的指导下，完成了问卷的初次编制。为了确定问卷测试的准确性，邀请了6位经验丰富的高级化学教师、中级化学教师和初级化学教师进行了问卷调查。问卷统计结果用SPSS19.0软件进行信度分析，采用克龙巴赫（Cronbach）系数法，测出该问卷的内部一致性系数Alpha=0.802。Alpha系数在0.70～0.81之间表明问卷可信度较高，因此，此份问卷具有较高的可信度。

E.问卷的发放和测试。

本次问卷调查的对象是某市高中化学教师，其年龄分布平均，具有一定的代表性。利用周末，在相关教师的帮助下发放62份问卷，收回52份，回收率84%。

2. 调查问卷的数据分析及结论

对收回的52份问卷题目进行分类统计结果如表2-2所示。

3. 化学核心素养内容体系的调查情况

分析表中数据可以看出，75.7%的教师同意从社会、他人和个人发展三个方面探索核心素养内容体系。只有14.06%的教师不同意此观点。76.63%的教师同意从以上三个方面探索化学核心素养内容体系。13.04%的教师不同意以上观点。分析数据显示：大部分教师赞同笔者从个人、他人和社会角度去探索化学核心素养内容体系，因此，我们从实践上证实了探索化学核心素养内容体系方向的正确性。

表2-2　化学核心素养内容体系的调查情况

问题	非常同意	同意	不同意	极不同意	其他
要探索高中学生的核心素养，应从社会、他人和个人发展的角度去考虑。您同意这种观点吗	15.47%	60.23%	8.71%	5.35%	10.24%
以高中化学学科为背景，您认为高中学生化学核心素养的探索从社会的物质性；与世界对话和本科目不同知识点融合、其他科目相关知识的关联性；与个人思维发展和社交技巧发展的角度去考虑。您同意这种观点吗	20.26%	56.37%	5.58%	7.56%	10.23%

三、化学核心素养理念指导下元素化学单元教学案例分析——非金属及其化合物

非金属及其化合物是元素化学重要内容之一，硅、氯、硫和氮四大非金属元素的相关物质是本单元主要的知识载体。通过对它们的学习，使学生体验社会的物质性、感受与他物相处的重要性和思考个人发展的必要性。

1. 化学核心素养理念指导下非金属及其化合物教学目标的确定

目的：从中学化学课程标准分析非金属及其化合物的化学核心素养。

（1）了解硅、氯、硫、氮等非金属单质的化学性质，认识不同的非金属单质的性质有较大的差异。

（2）了解硅、氯、硫、氮的重要化合物的主要性质，认识某些非金属化合物既有相似的性质，又有各自的特性。

（3）认识硅、氯、硫、氮及其化合物的广泛应用，体会化学的创造性与实用性。

（4）通过实验进一步训练学生的操作技能，体会实验对认识和研究物质性质的重要作用，培养学生求实创新的良好品质。

（5）以非金属知识的学习为线索，通过多种活动帮助学生进一步掌握物质及其化学的一般方法，提高自主学习能力。

（6）了解氮循环对生态平衡的重要作用，了解某些污染物的来源、性质和危害，体会化学对环境保护的重要意义，培养学生关注社会的意识和责任感。

通过对课程标准的分析，本单元不仅是必修化学1的重要内容，也是贯穿整个高中化学的基础。本章内容是人教版必修化学1第四章的内容，是对基础的化学实验、氧化还原反应和离子反应的巩固，又是对金属及其化合物学习方法的延伸，更是学生认识元素周期律和周期表的基础。诸如上述体现的是学科中各类知识具有整合性。硅元素是我们生活中用途广泛的物质材料家族的典型代表；氯元素是海洋中富集元素的重要代表；氮和硫的氧化物是空气污染物；硫酸和硝酸是重要的化工原料。我们可以看出化学知识与社会生活的紧密联系，比如生活中的用途，与环境、工业的关系，重点突出本单元的社会物质性如表2-3所示。

表2-3　中学化学课程标准分析非金属及其化合物的化学核心素养

化学核心素养	课标内容	典型例子
与他物相处：同学科不同类型知识的整合	基础的化学实验 氧化还原反应和离子反应	氨的实验室制法
物质的支柱性：物质的发现和合成意识	生活用途	硅单质：良好的半导体材料；芯片；太阳能电池
物质的两面性	环境	硫和氮的氧化物
物质的有限性：物质节约意识	生活用途	硫酸和硝酸

从教材设置的栏目分析非金属及其化合物的化学核心素养，可知，不同的栏目发挥着不同的作用，其渗透着化学核心素养。在本单元中涉及的栏目见表2-4。

表2-4　教材设置的栏目分析非金属及其化合物的化学核心素养

<table>
<tr><th colspan="2">化学核心素养</th><th>栏目</th><th>典型例子</th></tr>
<tr><td>逻辑思维</td><td>思维创新</td><td>实验
科学探究</td><td>二氧化氮溶于水</td></tr>
<tr><td rowspan="4">社交技巧</td><td>分享</td><td>学与问</td><td>自来水消毒</td></tr>
<tr><td>交流</td><td>思考与交流</td><td>硫酸、盐酸和硝酸的性质；自然界的氮循环、氮元素不同价态的转化</td></tr>
<tr><td>合作</td><td>实践活动</td><td>分析空气污染的成分、雨水pH的测定</td></tr>
<tr><td>自主</td><td>资料卡片
科学视野</td><td>防治酸雨的措施
二氧化硅的结构；硅酸盐的丰富性和多样性；火箭为什么能飞上天</td></tr>
<tr><td>价值观</td><td>科学观</td><td>科学史话</td><td>氯气的发现和确认</td></tr>
</table>

从学生认知特点和情况分析化学核心素养。高一学生正处于

十五六岁的年纪，抽象逻辑思维能力有些欠缺；但是在化学1前三章的学习的基础上，逻辑思维已初步形成。抽象概念“物质的量”和“离子反应”已让学生体验了“微宏结合”的思维视角，“物质的分类”和“金属及其化合物”的学习让学生感悟了“分类观、元素观和变化观”的思维理念，两者将会引导学生学习本质内容。

化学核心素养指导下的非金属及其化合物的教学目标单元教学目标如表2–5所示。

表2–5　单元教学目标

化学核心素养	单元教学目标
物质的支柱性物质的两面性物质的有限性	通过四大元素相关物质用途的学习，了解并感受物质的支柱性、两面性和有限性
化学核心素养	单元教学目标
符号表征同学科 不同知识相融合	通过物质性质和变化的化学方程式的学习，感受化学独特的符号表征—化学用语 通过巩固化学基础实验、物质的量、离子反应和氧化还原反应，体验不同类型知识相容的整体性
思维视角、思维理念、思维创新分享、交流、合作、自主	通过物质的量和离子反应的应用，体会化学特殊的宏微结合思维视角；通过四大相关物质组成、性质和变化的学习，感受元素观、变化观和分类观的思维理念 通过相关实验、科学探究，体验思维规律、活动、开发及创新的过程；通过教材栏目的实施，感受分享、交流、合作及交流的乐趣

2. 课时教学目标

本单元4个小节，10个课时。其中化学核心素养理念渗透2个课时，分别在硅、氯元素和氮、硫元素之后。首先，第一节和第二节在感性知识上渗透核心素养；其次，理念渗透课1已达到加强核心素养的工具化和应用化。再次，应用以上潜在的化学核心素养指导第三节和第四节的学习。最后，理念渗透课2再次将化学核心素养升华，将其植入学生知识结构当中。课时安排如表2–6所示。

表2–6 非金属及其化合物单元课时安排

节数	课时安排	
第一节：无机非金属材料的主角	第1课时	二氧化硅和硅酸
	第2课时	硅和硅酸盐
第二节：富集在海水中的元素—氯	第1课时	氯气的性质
	第2课时	氯气的性质、氯离子的检验
理念渗透课1	第1课时	化学核心素养理念渗透课1
第三节：硫和氮的氧化物	第1课时	二氧化硫和三氧化硫
	第2课时	二氧化氮和一氧化氮大气污染
第四节：氨、硫酸硝酸	第1课时	氨、铵盐和氮循环
	第2课时	硫酸和硝酸
理念渗透课2	第2课时	化学核心素养理念渗透课2

本单元具体课时教学目标如下所示：

无机非金属材料的主角教学目标

第1课时：二氧化硅和硅酸

课标内容：

（1）记住硅元素的原子结构特点和存在形式。

（2）能说出二氧化硅用途硅酸的性质。

（3）记住二氧化硅在自然界的存在形态，了解硅胶性质的用途。

课时教学目标：

（1）通过【思考与交流】学习二氧化硅的性质，体验分享与交流的乐趣。

（2）通过实验，制得硅胶并认识硅胶。

第2课时：硅和硅酸盐

课标内容：

掌握硅酸盐的性质和用途，了解陶瓷、玻璃、水泥等硅酸盐产品，记住硅单质的用途。

课时教学目标：

（1）通过硅元素结构的学习，体验微观宏观结合地学习物质性质。

（2）通过自主学习硅酸盐产品，培养学生的自主能力。

氨、硫酸、硝酸教学目标

第1课时：氨、铵盐和氮循环

课标内容：

（1）了解氨的物理性质，掌握氨的化学性质和实验室制法。

（2）掌握铵盐的化学性质，认识铵盐在生产中的应用；掌握铵根离子的检验方法。

课时教学目标：

（1）通过哈伯与合成氨的故事，体会氨的物质性与社会的联系。

（2）通过课本中实验4-8的现象，学习氨的物理性质和化学性质。

（3）通过小组讨论课本“思考与交流”，学习氮元素的不同价态。

（4）通过自主阅读课本，自学铵盐的性质及铵盐的检验方法。

（5）通过铵盐的性质氨气的实验室制法的原理，学习氨气的实验室制法。

（6）通过小组讨论“思考与交流”，了解自然界的氮循环。

第2课时：硫酸和硝酸

课标内容：

（1）掌握浓硫酸的特性：脱水性、吸水性和强氧化性。

（2）掌握硫酸根的检验方法；掌握硝酸的强氧化性。

（3）了解硫酸、硝酸的性质。

课时教学目标：

（1）通过小组讨论思考与交流、复习酸的通性。

（2）通过课本所给图例，学习浓硫酸的脱水性和强氧化性（与C反应）。

（3）通过课本中实验4-9，学习铜与浓硫酸的实验。

（4）通过氮元素的多种价态，学习硝酸的强氧化性。

化学核心素养理念指导下的非金属及其化合物单元教学设计

（1）单元教学设计。

此单元教学设计，我们主要以化学核心素养为核心，从情境、问题和活动三个方面展开。情境是课本的栏目、图片；史料、与生活相关的各种新闻和事件为主要内容；问题是以情境为核心，根据知识的特点、教学目标和学生认知特点进行问题；活动是以问题为线索、学生的思维发展为逻辑和教师主导性为基础。三者相辅相成，共同完成单元教学设计。

（2）课时教学设计。

本单元第4节内容，具体的教学设计如下：

无机非金属材料的主角教学设计

第1课时：

情景设置：

（1）硅元素在地壳中存在形态。

（2）图片展示二氧化硅的用途。

（3）盛有氢氧化钠溶液的试剂瓶。

（4）课本实验4-1。

问题设置：

（1）硅元素为什么是以化合态的形式存在自然界中？

（2）盛有氢氧化钠溶液的试剂瓶为什么不用玻璃塞？

（3）二氧化硅的物理性质和化学性质是什么？

（4）为什么盐酸可以制得硅酸，硅酸有哪些用途？

活动设置：

（1）从原子结构的角度分析硅元素的存在形态。

（2）讨论、感受二氧化硅与生活的关系。

（3）思考、讨论、交流总结二氧化硅的性质。

（4）教师演示实验制硅酸；学生自主阅读课本，找出硅酸的用途。

第2课时：

情景设置：

（1）硅酸盐在自然界中普遍存在。

（2）课本实验4–2。

（3）图片展示硅酸盐产品。

（4）图片展示硅单质用途。

问题设置：

（1）硅酸盐如此之多，它们有什么通性？

（2）最简单的硅酸盐是硅酸钠，其性质有哪些？

（3）硅酸盐产品分别有哪些？主要成分是什么？

（4）硅单质有哪些用途？

活动设置：

（1）分析硅酸盐的定义。

（2）分析实验现象得出硅酸钠的用途。

（3）学生自主阅读课本。

“富集在海水中的元素—氯”教学设计

第1课时：

情境设置：

（1）海水中氯元素的存在状态。

（2）舍勒与氯气的故事。

（3）教师做演示实验4–3。

（4）自来水消毒。

（5）教师做演示实验4–4、实验4–5。

问题设置：

（1）为什么氯元素是以氯离子的形式存在？

（2）① 从这个故事你得到了什么启示？② 由此你得出氯气的物理性质有哪些？③ 写出发现氯气的化学方程式和离子方程式。

（3）① 氯气与铁单质反应，为什么生成三价铁？② 看了此实验你对燃烧是不是有了新的认识？

（4）① 自来水厂用什么来消毒？② 消毒的原理是什么？③利用所学原理解释一下氯气物质具有的性质。

（5）根据所学的漂白原理，猜一下课本中提到实验4–4和实验4–5的实验现象。

活动设置：

（1）从微宏结合的视角解释氯元素的存在状态。

（2）自主阅读课本“科学史话”。

（3）学生观察并思考。

（4）学生思考，教师引导学生学习氯气与水反应的化学方程式。

（5）学生配合教师完成实验：猜想——验证——结论。

第2课时：

情境设置：

（1）用氯气给自来水消毒的两面性，根据氯气的反应原理我们制造了新的漂白剂；用图片展示漂白液和漂白粉实验探究。

（2）展示元素周期表。

问题设置：

（1）① 我们常用的漂白液主要成分是什么？它的制造原理是什么？漂白原理是什么？② 用化学方程式表示（是氧化还原反应

的从其角度分析，是离子反应的从其角度分析，下同）；③ 与次氯酸漂白相比有什么优点？

（2）我们常用的漂白粉主要成分是什么？有效成分是什么？它的制造原理是什么？

（3）往氢氧化钠溶液中滴加几滴酚酞溶液后，再加入氯水，会产生什么现象？发生这种现象的原因是什么？请小组设计实验，验证你的推测。到目前为止你知道的氯气的性质都有哪些？

（4）检验氯离子的方法是什么？

（5）① 元素周期表中，卤素都有哪些？这些元素的原子结构有什么相同点和不同点？② 卤素单质和离子的相似性和递变性表现在哪里？

活动设置：

（1）学生根据图片和上节所学知识回答问题。

（2）教师引导学生写出从两个角度写出方程式1。

（3）学生根据所学内容回答问题并设计实验。

（4）学生自主阅读课本第85页内容及资料卡片总结氯气的性质。

（5）学生小组实验并回答问题。

（6）学生自主阅读课本第86页“科学视角”思考并回答问题。

化学核心素养理念渗透课1教学设计

第1课时：

情境设置：

（1）幻灯片展示硅元素和氯元素所组成的所有的化学物质。

（2）在1中学生画出的物质转化流程图。

问题设置：

（1）用树状图对这些物质分类；试着用流程图画出同种元素不同物质的转换关系；在每种物质下面标出其用途和化学性质。

（2）结合流程图中物质的用途，解释物质的支柱性、两面性和有限性。

（3）写出有关的化学方程式（有离子方程式的写出离子方程式）；以上写出的化学方程式从氧化还原的角度去分析，并指出氧化剂、还原剂、氧化产物、还原产物和得失电子数。

活动设置：

（1）小组讨论、分享和交流。

（2）派小组代表上台发言讲解。

硫和氮的氧化物的教学设计

第1课时：

情境设置：

（1）空气质量日报。

（2）硫在自然界的存在形态。

（3）展示硫粉的图片。

（4）硫的氧化物属于酸性氧化物。

（5）实验4–7。

（6）二氧化硫的价态。

（7）硫酸性酸雨。

问题设置：

（1）空气中的污染物有哪些？其中二氧化氮和二氧化硫是从哪里来的？

（2）为什么在自然界存在游离态的硫和化合态的硫？

（3）① 通过图片观察硫粉的物理性质是什么？② 化石燃料燃烧会产生二氧化硫这是为什么？用化学方程式表示。③ 已知氯气和铁单质反应生成三价铁；硫单质和铁单质生成二价铁；根据氧化还原反应原理比较硫单质和氯气的氧化性的强弱。

（4）写出两种酸性氧化物与氢氧化钙、氧化钙的化学反应方程式。

（5）① 观察实验4-7中盛满二氧化硫气体的试管，二氧化硫的物理性质是什么？② 实验4-7中液面上升，pH试纸的颜色的变化说明什么问题？写出相应的化学方程式。③ 以上写出的化学方程式与书上的方程式什么不同？④ 滴入品红后，现象是什么？加热后又有什么现象？阅读课本，回答这些现象说明了什么？

（6）从氧化还原反应的角度分析，二氧化硫具有的哪些性质？用具体的化学方程式表示。

（7）根据以上学习内容，用化学方程式表示酸雨的形成过程。

活动设置：

（1）学生阅读课本，并小组讨论回答问题。

（2）学生从宏观与微观结合的思维视角分析物质的存在状态。

（3）学生思考并回答问题，写出相应的化学方程式。

（4）学生根据物质分类书写化学方程式。

（5）学生思考并回答问题；学生小组讨论回答为题；教师引导学生学习可逆反应；学生观察实验现象，教师引导学生学习二氧化硫的漂白原理。

（6）学生思考，教师引导学生学习两个关于氧化还原反应的方程式。

第2课时：

情境设置：

（1）“雷雨发庄稼”。

（2）科学探究。

（3）展示环境污染图片。

问题设置：

（1）阅读课本92~93页使用化学方程式表示“雷雨发庄稼”的原因；从氧化还原反应的角度分析二氧化氮与水反应的化学方程式。

（2）根据实验要求，画出你设计的装置简图；从实验现象中你得出了什么结论？此实验对工业上生产硝酸有什么启示？根据以上实验结论，思考下列问题？

（3）阅读课本后回答问题：① 酸雨的危害表现在哪些方面？② 什么是酸雨，根据图片写出酸雨的形成过程；③ 如何防止酸雨和大气污染？

活动设置：

（1）学生小组合作谈论，小组代表上台演讲。

（2）教师演示实验，学生观察并思考，回答问题；教师讲解习题，学生听讲并思考。

（3）学生自主阅读，回答问题。

化学核心素养理念渗透课2的教学设计

情境设置：

（1）学生说出学过有关氮元素和硫元素有关的
化学物质。

（2）氮元素和硫元素的物质转换流程图。

问题设置：

（1）用树状图对这些物质分类。

（2）画出两种元素物质转换流程图，并表示其用途和化学性质。

（3）从物质三性的角度解释物质的用途；写出物质转换的相关化学方程式；并从氧化还原的角度分析，指出氧化剂、还原剂、氧化产物、还原产物和得失电子数。

活动设置：

小组合作学习：分享、交流和讨论

四、化学核心素养理念指导下非金属元素化学单元教学实效性的实验研究

1. 实验目的和原理

通过前测和后测的成绩对比分析出化学核心素养理念指导下非金属元素化学单元教学是否具有实效性；如果后测相对于前测而言存在显著性差异，则说明教学具有实效性。

2. 实验方案

（1）实验材料：

①人教版必修化学1第四单元非金属及其化合物。

②化学核心素养理念指导下的单元教学的实效性检测题（前测和后测）。

（2）实验对象：

某中学高一（10）和（11）班，两个班级均为平行班，成绩相当；在此基础上笔者以（10）班为实验班55人，（11）班为对照班55人。

（3）实验步骤：

1由两个班级的班主任分别发放前测试卷，测试时间90分钟。2笔者对两个班级前测试卷进行批改并整理数据。3一个月后由两个班级的班主任分别发放后测试卷，测试时间90分钟。4笔者对两个班级后测试卷进行批改并整理数据。

（4）实验实施：

利用一个月的时间对以上实验班级进行化学核心素养理念指导下的非金属及其化合物教学。

（5）实验结果及分析：

由于样本$N>30$，所以采用Z检验来说明其显著性。用SPSS软件进行数据分析得出结论。

前测结果及分析见表2-7。

表2-7　高一10班和高一11班化学核心素养理念指导下的单元教学的实效性测试成绩（前测成绩）

班级	样本数	平均分	前测标准差S	Z	P
高一10班	55	65.34	7.67	0.32	$P>0.05$
高一11班	55	64.89	6.83		

从表2-7数据可以看出两个班级的成绩相当，无显著差异，因为$Z<1.96$；$P>0.05$；这说明高一10班学生教学的实效性在测

试中没有显著效果。

从表2-8中数据可以看出两个班级的成绩差异很大，而通过Z检验$Z>2.58$，$P<0.01$，数据说明实验班教学中取得了明显的效果。

表2-8　高一10班和高一11班化学核心素养理念指导下的单元教学的实效性测试成绩（后测成绩）

班级	样本数	平均分	后测标准差S	Z	P
高一10班	55	78.22	7.67	3.76	$P<0.01$
高一11班	55	72.53	8.76		

通过分析实验数据结果，我们可以得出“化学核心素养理念指导下的元素化学单元教学”具有实效性，单元教学有利于提高高中学生的化学核心素养。

第六节　化学核心素养理念指导下的单元教学策略

一、教材内容的适当增减

1. 教材内容的适当增减原则

根据化学核心素养内容体系对教材内容的适当增减是单元教学成效的关键之所在。教材内容的适当增减应该遵循科学性、适量性和针对性原则：

（1）科学性原则指的是在化学核心素养内容体系的视域下保证内容的正确性，不能一味地追求素养而改变科学知识。

（2）适量性原则是指素养的教学应与化学知识教学恰如其分的搭配，不能一味地扩大素养的价值而忽略了知识教学。

（3）针对性原则是指每个单元模块代表的是一类化学知识，与其相配着的是特殊的化学核心素养。

2．教材内容的适当增减方法

恰到好处的教材内容增减方法可以使化学核心素养视域下的教学成效事半功倍。

（1）研读课标和教材内容，归类本单元的化学知识类型及特点。

（2）根据化学知识类型选择与其相配的化学核心素养。

（3）选择好的化学核心素养增加到教材内容当中去，与此同时删掉多余的教材内容。

二、教材栏目的合理应用

1．教材栏目合理应用的原则

在教材中有10种教材栏目："实验""科学探究""学与问""思考与交流""科学视野""资料卡片""科学史话""实践活动""信息搜索""习题"。对其的使用要遵循以下原则：

（1）相匹配原则。教材栏目在教学时各尽其职；比如"思考与交流"栏目是引发学生思考，并鼓励学生通过谈论、辩论等活动进行沟通与交流，其与化学核心素养"个人发展的角度——思维发展和社交技巧"相匹配。

（2）服务性原则。教材栏目是为教学服务的，是渗透化学核心素养的重要载体。使用栏目的目的不在于栏目本身，而在于其本身渗透的价值之所在。

2. 教材栏目合理应用的方法

了解了教材栏目合理应用的方法才能为核心素养教学服务。

（1）明确各种教材栏目设置的目的。

（2）栏目与核心素养内容体系相融合，服务和目的有效的结合以实现教学的实效性。

三、单元教学评价的多元化

1. 单元教学评价多元化的原则

化学核心素养指导下的单元教学评价目的是通过单元知识载体渗透核心素养，其应遵守基础性、多样性和开放性。基础性是指素养的渗透不能脱离化学知识；多样性是指评价方式要多种多样，比如，书面客观题、主观题和对话式；开放性是指书面题型答案、对话式问题的答案设计要灵活。

2. 单元教学评价多元化的方法

单元教学评价是检验核心素养教学时效性的重要方法。

（1）根据素养的教学内容目的性编制书面题型和问题。

（2）选择教材相关习题。

（3）书写素养相关论文或主题活动。

第三章

基于学科核心素养的高中化学案例开发

第一节 案例的素材选取

我国引入案例教学的时间并不短，但案例教学无论是在我国的高等教育领域，还是基础教育领域的实施情况都不理想，查阅大量文献资料发现，其中的一个重要原因是我们没有自己的案例库，且案例来源与编写一直是阻碍案例教学实施的重要因素。

在我国的基础教育领域，一直以来高考试题都在引领各学科学习和发展的方向，是广大教育教学研究者智慧的结晶，其命题思想紧密围绕教学改革，对一线教学具有极强的导向作用。近年来，伴随着学科核心素养的提出，高考试题更加注重选择真实的案例情景作为试题的载体，将所要考察的化学知识融入其中。并根据课程标准的要求，设置难易程度不同的问题，检测学生的学习能力和水平，从而达到对学生学科核心素养的考察。

基于以上内容，我们选择近年以来的高考试题作为案例编写的素材来源，既能确保案例的真实性，又可与高考紧密结合，不脱离学生的考试需求，同时，在试题的基础上扩编案例，将学生带进真实的案例情境之中，再通过相关问题的设计，达到对学生能力的检测及对学生相关学科核心素养的培养。

第二节 案例的编写原则

《普通高中化学课程标准（2017版）》指出“普通高中化学课程是落实立德树人根本任务，发展素质教育，弘扬科学精神，提升学生核心素养的重要载体”。可以预见，化学学科核心素养是我们在化学教学中必须落实的素养，因此以核心素养培养为宗旨，以真实情境为内容载体，以实际问题为教学任务，以化学知识为解决问题的工具，以此四个原则为依据进行案例的编写是我们所必须遵循的前提。

创建真实的案例情境，引出亟待解决的实际问题，突出学科的育人价值。应用已有或可获得的化学知识解决相关的问题，强调对学科必备知识的检验。以结构化的知识解决人类面临的复杂实际问题，重新发明或创造出新的技术，创建新的技术情境，强化了对学科关键能力的考察。此三者互为表里，共同服务于“核心素养”，通过“真实情境”“化学知识”“实际问题”共同编写出的案例，引领学生进入真实的案例情境，有利于发展学生的核心素养，塑造健全的人格。

第三节　案例的开发

化学学科核心素养的五个要素，均立足于高中化学学习的实际过程，其中，“宏观辨识与微观探析”“变化观念与平衡思想”“证据推理与模型认知”三者从思维层面体现了化学学科所特有的学科思维方式和方法。“科学探究与创新意识”是化学科学的实践能力，是将化学学科独有的学科思维呈现出来的桥梁，从实践层面激励了学生的创新意识。“科学态度与社会责任”体现了化学科学的绿色应用和社会责任担当，是化学学科高层次的价值追求和化学课程对学生价值观发展的最高要求。本书围绕“宏观辨识与微观探析”“变化观念与平衡思想”“证据推理与模型认知”三个水平的学科核心素养分别有侧重地进行案例编写，将“科学探究与创新意识”作为实践案例的方法过程，将“科学态度与社会责任”作为案例教学的最高价值取向，共同形成了既有侧重又互相联系的素养体系，并借助具体案例展现出来。

在本案例编写过程之中，借鉴王祖浩教授的《化学案例教学论》，从“案例导读”到“案例呈现”再到“回答问题”层层紧扣，将一个案例由浅入深，由表及里地呈现出来。最后的“案例分析”将整个案例进行剖析，无论是使用者还是学习者，都能够从中找出编者的意图及设计的目的，使用者能够一目了然，学习者能够从中体会学科核心素养在其中的应用与联系。

案例一：

心绞痛用药的化学知识

【案例导读】

（1）你见过心绞痛发病的症状吗？

（2）常用的抗心绞痛药物有哪些？

（3）患者服用“消心痛片（异山梨酯）”，吃对了吗？为什么？

【案例呈现】

医生：您好，请问您叫什么名字，多大年纪？

患者：您好，我叫某某，今年64岁。

医生：哪里不舒服？

患者：我最近打扫完家务或洗衣服后总是会心慌气短，感觉心脏不舒服。

医生：这种情况持续多久了？

患者：好像很长时间了，最近这两个月比较严重，感觉比较明显。

医生：您能描述一下疼痛时的感受吗？

患者：疼起来像有一块大石头压在心窝上，感觉要窒息了一样，不敢动，这种情况大概会持续几分钟，要缓上好一段时间。

医生：您心窝疼痛的同时，其他部位有疼痛的感觉吗？

患者：有时候左上肢也会有很强烈的疼痛感。

医生：您疼痛发作的时候有什么原因吗？

患者：我想想，就是最近一劳累或情绪激动时特别容易发作。

医生：您什么时候症状会减轻一些，或是有吃什么药吗？

患者：休息时会好很多，最近服用过“速效救心丸”或“消心痛片”，吃过药后会好很多。

医生：当您心痛时还有其他反应吗？

患者：会出冷汗、浑身乏力、头昏。

医生：有过呕吐、发烧吗？

患者：没有。

医生：饮食怎么样？

患者：还好。

医生：睡眠如何？

患者：因为近来总是感到心窝疼，有些害怕，夜里总是醒。

医生：有抽烟喝酒的习惯吗？

患者：不吸烟，但是喜欢喝点酒。

医生：您之前看过医生吗？

患者：因为之前一直忙，没有时间到医院检查，这是第一次来。

医生：好的，根据您的描述初步可以判断您为劳力性心绞痛，建议您注意休息，尽量减少体力劳动，同时可以继续含服“速效救心丸”或“消心痛片”。不能喝酒，不要饱餐，多吃蔬菜。一个星期如果还没有好转，建议您再来内科做更全面的检查。

该患者有典型的胸痛病史，胸痛在心窝处，向左上肢放射，多发生在用力和情绪激动时，可初步判断是劳力性心绞痛；胸痛程度几年前较轻，近两个月来加重，“速效救心丸”与“消心痛”有效，诊断为恶化型心绞痛。

临床上常用硝酸酯类药物缓解心绞痛的症状，硝酸酯类药物可以为机体提供外源性的一氧化氮这种可以扩张血管的物质。因此在冠心病血管狭窄的时候可以通过扩张血管，增加血流，增加对心肌的灌注，起到缓解心绞痛的作用。另外，这种药物也可扩张静脉血管，让心脏内容纳的血量适当减少，以降低心脏负担，减少心肌耗氧量，有效缓解心绞痛。

单硝酸异山梨酯（E）为心血管系统用药，适用于预防和治疗心绞痛。科学家研究确认单硝酸异山梨酯（E）的分子结构如图3-1所示。

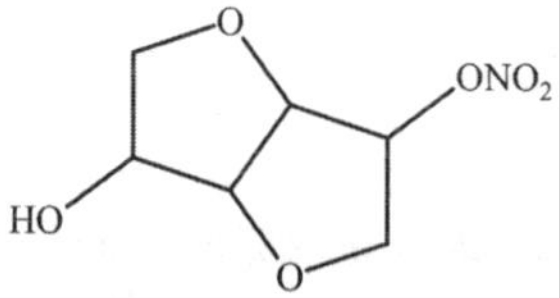

图3-1　单硝酸异山梨酯分子结构示意图

其重要的中间转化体为异山梨醇（B），是以葡萄糖为原料制得的重要生物质转化平台化合物。其转化过程如图3-2所示。

葡萄糖是一种重要的单糖，其分子式为$C_6H_{12}O_6$，物质A为山梨醇，由葡萄糖催化加氢制得。

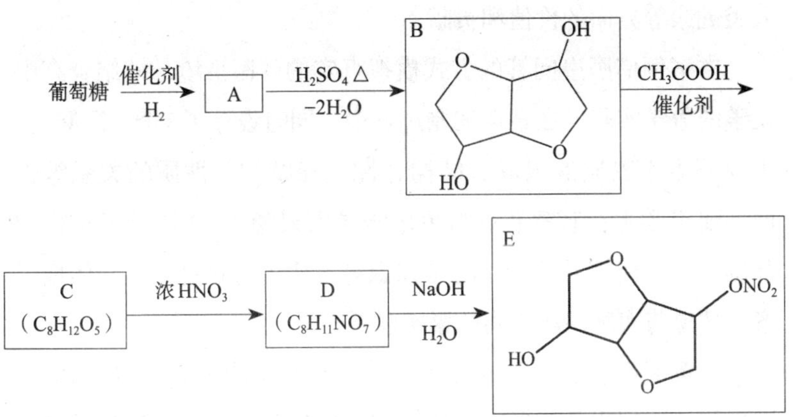

图3-2 葡萄糖转化为单硝酸异山梨酯过程示意图

【回答问题】

（1）“消心痛片”为什么能作为心绞痛用药，它的主要成分是什么，写出其合成过程。

（2）科学研究表明双硝酸异山梨酯在临床上的治疗效果明显优于单硝酸异山梨酯，若要合成双硝酸异山梨酯还应怎么办，该合成过程是否可以改进。

（3）试从分子结构与性质关系的角度推测双硝酸异山梨酯疗效更好的原因。

【案例分析】

该案例素材选自2018年高考课标全国卷Ⅱ（36）题，根据学业质量水平的划分，该案例主要围绕“变化观念与平衡思想”的化学学科核心素养展开，要求学生能从物质构成的官能团判断物质的主要性质，分析物质的性质与用途之间的关系。能设计物质转化的方案，能运用化学符号表征物质的转化，能说明化学变化的本质特征和变化规律。能够感受化学科学在合成新物质，保障人类健康等方面的价值和贡献。

本案例借医患问答的方式模拟真实的就医情境，并结合高中化学的教学实际，在案例编制过程中，同时设计了3个实际问题，主要侧重于物质的组成、结构、性质和结构与性质的关系等方面，要求学生在观察和分析单硝酸异山梨酯（E）等分子结构的基础之上，能够灵活运用化学知识与方法进行解答。充分体现了案例情境与实际问题之间的紧密联系。

本案例要求学生运用已有的知识及从案例中获取到的相关知识来解决所提出的问题，形成知识的结构化，这些知识包括对陌生分子单硝酸异山梨酯（E）中官能团的辨识及主要性质的判断。从葡萄糖（A）到单硝酸异山梨酯（E）的合成过程及扩展。从分子结构与性质关系的角度推测双硝酸异山梨酯疗效更好的原因，此三个问题成功搭建了化学知识与实际问题之间的联系。

该案例在编写过程中，以单硝酸异山梨酯的合成过程为依托，注重对学生化学变化观念方面的思维培养，又以进一步提高心绞痛药物疗效为转折，提出将单硝酸异山梨酯转化为双硝酸异山梨酯的设想并进行探讨，引导学生进入“科学探究与创新意识”素养的实践层面，最后带领学生体会利用所学化学知识改善药物、造福人类的社会担当与责任，实现化学学科价值观的树立。

案例二：

H_2S与CO_2的协同转化

【案例导读】

（1）你知道“能源”对于一个国家的意义吗?

（2）你对天然气的了解有哪些？天然气中的主要杂质气体有

哪些?

（3）能源的净化怎样才能更好地造福于人类?

【案例呈现】

在现代社会，天然气作为燃料和化工原料被大量应用在能源和化学工业中。来自天然气田的天然气主要成分为甲烷（CH_4），并伴生包括二氧化碳（CO_2）、硫化氢（H_2S）等酸性气体在内的其他气体。H_2S有毒性，可腐蚀管道和设备，污染环境，易使生物中毒，不利于天然气下游工业生产。过量的CO_2会影响天然气热值，降低经济效益，在液化天然气中容易以固相析出堵塞管道。天然气中H_2S和CO_2的存在给其加工和利用带来了严重的问题。因此，如何除去天然气中混有的杂质性气体，一直是我国广大科研人员致力突破和解决的问题。

长期以来，我国科研人员的主要精力都聚集在将H_2S催化燃烧为元素硫和水来消除H_2S。此种方式虽除去了H_2S，却依然留下了CO_2的隐患。

近日，中国科学院院士、中国科学院大连化学物理研究所催化基础国家重点实验室、太阳能研究部研究员李灿以及研究员宗旭、博士马伟光等人提出并实现了一种利用太阳能将H_2S和CO_2协同转化为高附加值化学品的电化学策略。

该策略以廉价的非贵金属为阴极催化剂（石墨烯包裹的氧化锌）还原CO_2、以石墨烯为阳极催化剂，氧化媒介体$EDTA-Fe^{2+}$（用于捕获H_2S），$EDTA-Fe^{2+}-e^- = EDTA-Fe^{3+}$；$2EDTA-Fe^{3+}+H_2S = 2H^++S+2EDTA-Fe^{2+}$，利用化学环反应将$H_2S$分解为单质硫和质子，质子被用于$CO_2$电化学还原生成CO的反应，净结果是实现了计量化学反应协同转化（H_2S+CO_2—$CO+S+H_2O$）。该太阳能驱动的电催化反应可在近中性条件下进行，使用非贵金属廉价催化剂，持续、高效和选择性的将CO_2和H_2S分别转化为一氧化碳和单质硫。这一策略为天然气中有害气体的净化和资源化利用提供了一条兼具经济和环境效益的绿色途径。

将天然气中的废气转化为高附加值化学品的理念为兼具环境和经济效益的天然气净化提供了一种新的思路。

【回答问题】

（1）科学家在天然气杂质气体的转化中用到的化学原理是什么？结合框图，你能获取哪些信息？

（2）写出阴极的电极反应式。

【案例分析】

案例借助全球已经进入清洁能源大发展时代为背景。天然气和新能源作为清洁能源的两大主角，在不同时期肩负着不同的历史使命。

案例通过实际问题的提出，实现了与化学知识的对接。将一直以来的技术难题，转化为学生利用现有知识可以理解的技术框架。案例通过对技术框架的简单描述，使学生能够结合已经学习过的化学理论知识，对其进行原理上的阐释。体现了“证据推理与模型认知”中，“水平1：将化学事实和理论模型之间进行关联和合理匹配。”“水平2：能够指出模型表示的具体含义。”“水平3：符合对复杂化学问题情境中的关键要素进行分析以建构相应模型的要求。”

案例三：

雾霾

【案例导读】

（1）什么是雾霾？雾霾中有哪些成分？它对人类有怎样的

危害？

（2）雾霾的主要污染源有哪些？是什么导致中国雾霾在节能减排趋势中逆势增长？

（3）针对雾霾的污染现象，你能提出几条合理化的建议吗？

【案例呈现】

什么是雾霾？

雾霾是雾和霾的混合物，是当空气中水分含量在80%~90%时造成的一种空气混浊和视野模糊的现象。形成雾的核心物质是水滴，而形成霾的主要物质是空气中悬浮颗粒，又称气溶胶颗粒。

引起雾霾的原因到底是什么？

有人认为导致雾霾的主要原因是来自机动车排放的汽车尾气。随着经济的发展，中国汽车的使用量越来越多，但是油品的质量却跟不上，尾气排放超标，造成严重的雾霾污染。

但这一观点立即遭到了其他人的反对，并认为随着技术的革新，中国石油几年前就达到“京Ⅴ标准”了，丝毫不逊于欧洲与日本等发达国家，所以说雾霾这笔账不应该算在尾气的头上。

雾霾不应该算在尾气的头上，雾霾又实实在在地存在，那么，到底该把雾霾算在谁的头上呢？

有人说：“不是尾气就是燃煤了呗”。

相关调查报告显示，中国早已推广燃煤机组烟气超低排放技术，提高了天然气使用比例。同时，北京通过政府补贴全部取消了家庭燃煤取暖。京津冀粉尘量早已大幅下降。况且，中国早已将绿色发展纳为新的发展理念，近年来，新能源的开发和使用比例逐年上升，风电、太阳能、水电发展速度均居世界第一，怎能还将雾霾的“黑锅”背在我们身上！

不是汽车尾气，也不是燃煤，那是什么原因呢？

是什么导致雾霾在全国节能减排的趋势中逆势增长呢？

最新研究表明，中国雾霾之所以挥之不去，与微生物的繁殖有关。微生物生长最重要的养分是氨氮，氨氮融入气溶胶与微生物相遇，成为微生物快速繁殖的营养剂。那么氨氮又从何而来呢？见图3-3。

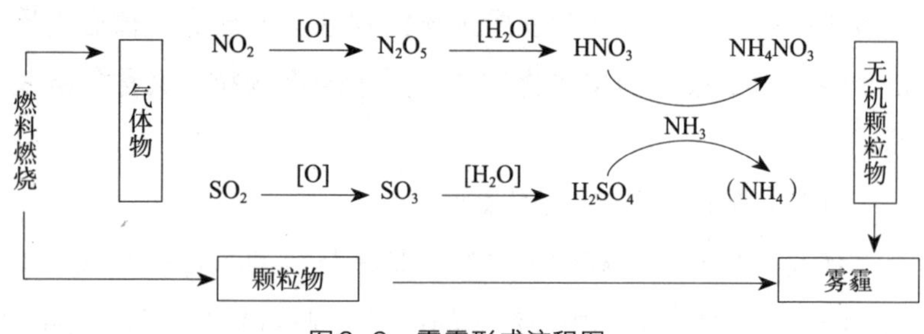

图3-3　雾霾形成流程图

【回答问题】

（1）雾和霾的分散剂是什么？

（2）试写出流程图中所涉及的离子方程式？

【案例分析】

案例巧妙地实现了化学知识与实际问题的对接：通过对雾霾概念的叙述，可引导学生对分散剂、分散质、分散系等概念的进一步理解。通过对雾霾与呼吸系统疾病形成的关系及雾霾主要污染源的探讨，使学生进一步理解流程图的内含，建立起实际问题与化学知识之间的联系。课程标准在“常见无机物及其应用”的内容要求中指出，认识元素在物质中可以具有不同价态，可通过氧化还原反应实现含有不同价态同种元素物质的相互转化。本案例通过流程图的形式渗透了研究元素化合物的方法，并通过课堂的引导鼓励学生从元素组成和元素化合价两个角度绘制元素二维图，建立元素转化观。

该案例以雾霾形成机理的最新研究成果为素材，借助流程图及元素转化的二维图，展示了氮、硫元素及其化合物的相互转化，重在发展学生“宏观辨识与微观探析”的化学学科核心素养；同时该案例体现了化学在推进生态文明建设、解决生态环境问题等方面的贡献，有助于学生形成与环境和谐共处、合理利用自然资源的观念，无形中渗透给学生“科学态度与社会责任”的学科核心素养；除此之外，从事实真相的追问到二维元素观建立的过程，充分发展了学生“科学探究与创新意识”的化学学科核心素养，培养学生在实际问题面前深入实践，勇于创新的精神。

案例教学重在通过“无痕教学”引导学生在生动的教学情境中领会知识，不仅让学生学到具体的知识理论，更注重对学生分析推理能力的培养以及化学学科思维和观念的养成。

第四节　案例教学在高中化学教学中的实施

一、基于学科核心素养的高中化学案例教学实践

案例教学是教师和学生双方积极配合的一种教学模式，结合前人已有研究，可将案例教学分为两种教学模式。一种是以分析讨论为主的案例教学模式，一种是以案例探究为主的教学模式（图3-4、图3-5）。

分析讨论式的案例教学模式主要以问题为驱动，在环环相扣

的问题之下，带领学生一步一步地进入案例情境，深入思考，探其究竟。而案例探究式的教学模式，在于首先向学生展示较为复杂的案例图示，再通过逐层深入的剖析或小组讨论等方式探究案例图示的含义。本研究在这两种教学模式的基础上，分别以“雾霾”和“H_2S与CO_2协同转化”为例进行课堂教学的实施。

单刀直入	—	素材展示
寻根究底	—	案例剖析
模型解读	—	落实素养

图3-4　分析讨论式

展示案例	—	提出问题
讨论分析	—	得出结论
反馈迁移	—	理论升华

图3-5　案例探究式

二、案例“雾霾”的课堂教学实施

【教学准备】

1. 明确教学目标

对于案例教学这一新的教学模式，无论是教师还是学生，都还处在摸索尝试的阶段，因此，很容易陷到丰富的案例情境之中而忽略了教学课堂的重点难点，因此，不论是何种新颖的教学模式，明确教学目标都是重中之重。哈佛商学院在发展案例教学的过程中，倾向于将教学目标划分为三个阶段。第一个阶段重在传授知识。第二个阶段重在帮助学生获得能力，如发现问题和解决问题的能力、分析和推理的能力、制定规划和实施的能力等。第三个阶段则重在培养学生在此过程中形成正确的人生观和价值观。因此，在任何一个案例教学实施之前，都必须做到从知识、应用、态度三个方面来推敲、制定学习目标。

对于此案例来说，知识层面的目标设定为重温分散剂、分散质、分散系等概念，认识元素在物质中可以具有不同价态，可通过氧化还原反应实现含有不同价态同种元素的物质的相互转化；应用层面的目标为以作图的方式建立元素之间的相互转化，构建模型，初步形成元素的转化观。态度层面的目标重在通过启发学生思考雾霾的根本来源，引导学生正确看待经济的发展与环境之间的取舍，树立正确的绿色化学科学观，激发学生的社会责任担当。

2. 选择教学模式

结合案例“雾霾”的素材内容，其主要为以问题驱动为主的案例探究，所以应选择分析讨论式的案例教学模式进行教学实践。带领学生在环环相扣的问题之下，完成元素化合物知识结构化的构建，实现对雾霾的深度思考和认识。

3. 设计开场白

开场是否顺利在很大程度上决定了整节课的效果。本案例采取直截了当的开场形式，向学生直接抛出问题，即你认为引起雾霾的主要原因是什么？要求学生迅速做出回答，并在黑板上记录学生的答案。

4. 设计转折点

案例讨论中一定要有观点交锋，才能激起学生的兴趣，实现案例教学的价值，如机动车排放是主要污染源吗？中国新能源应用比例显著提升，风电、太阳能、水电发展速度和装机总量均居世界第一，但雾霾发生频率和严重程度不仅未能扼制和下降，却大幅提高的原因是什么呢？此类问题从学生熟知但又从未思考过的生活规律入手，不仅能够快速地带领学生进入思考状态，无形中还激发了学生对生活中化学事实的敏感性。

同时，教师还应注意采取一些策略来激起学生之间的争论，如及时在黑板上记录各小组同学发言并对其他同学及时发问，以此促进讨论有理有据的顺利进行。

【教学评价】

虽然无法实现每节课都用案例教学进行所有的教学，但是案例教学有其独特的魅力，每学期进行2~3次是完全有可能实现的，为了增加案例教学的教学效果，有更加真实可靠的教学反馈，对学生在案例教学课堂中的表现进行及时和准确的评价是极为重要的。根据对哈佛商学院案例教学的研究，其主要对学生从3个方面进行评价：首先看学生的发言积极性。某种程度上发言的积极性可以反映学生的学习态度以及是否能够跟上教师的节奏进入课堂学习的状态之中。其次，为了避免学生为了发言而发言的情况发生，还应对学生发言的质量进行评价。即是否能够提出有价值的问题，是否能够对其他同学带来帮助、启发和是否经过了深思帮助老师推动了课堂教学的顺利进行。其次，是对学生的课堂作品进行评价，课堂作品反映学生对本节课的学习所达到的程度，即对应用层面目标的检测。教师通过学生的作品能够判断出学生的学习程度是停留在知识层面还是过程与方法层面。最后是学生的学习趋势，即从每一学期或是每一学年来看，学生是否因为三分钟热度而表现优秀，从长期的表现对学生进行整体评价。检测案例教学的实施是否对学生学科核心素养的发展有所帮助。以此标准对学生进行优、良、差的等级式的评分，并根据实际情况在期末考试的总成绩中进行适当的加减分。

评价的基础要有理有据，不能主观臆断。在这样一种开放式的课堂教学之中，学生无时无刻不在积极地参与着，教师必须时刻关注学生的状态并做出回应，因此教师无法对学生的课堂表现进行记录或是评价。因为这不但会严重打乱课堂节奏，也会给学生造成无形的压力，导致教学无法正常进行。因此本研究在教学过程中，采用课堂实录的方式对课堂教学进行了全方位的录像，教师在课后需及时观看课堂回放，以此作为学生课堂表现评价的重要依据。

【课堂实录】

教师：播放雾霾纪录片选段。

教师：雾霾从何而来?

学生：思考（污染——生活污染、工业污染；化学燃料的排放；PM2.5等）

教师：什么是雾霾?

教师：案例展示。

学生：提取有用信息，随时记录。

教师：写板书："雾霾"。

学生：雾和霾加起来就是雾霾。（大笑）

教师：这位同学的回答非常有智慧，老师再问问你，什么是雾，什么又是霾呢?

学生：（抓头不好意思状）

教师：没关系，有同学来支援吗?

学生：雾是水滴，霾是固体悬浮颗粒。

教师：非常好，请坐。

教师：也就是说，当空气中的水滴与固体悬浮颗粒混合达到一定程度时，便形成了雾霾。

教师：同学们再思考一下，这个水滴与固体悬浮颗粒是分散在哪里的呢？

学生：空气中。

教师：非常好，大家可以回答老师，我们曾经学过分散剂、分散质以及分散系的概念，同学们能否说一说对于雾霾这个现象，哪些是分散质，哪些是分散剂呢？

学生：水滴与固体悬浮颗粒是分散质，空气是分散剂，所形成的雾霾是分散系。

教师：非常好，请坐。

教师：在这里老师要补充一下，我们将这种固体悬浮颗粒或液体小液滴分散在气体介质（空气）中所形成的分散系称为气溶胶。

教师：请同学们继续思考，雾霾中有哪些成分，对人类健康又有怎样的危害呢？

案例展示。

小组讨论：确定雾霾的有害成分，教师听取学生讨论。

学生：雾霾能够增加人类患肺癌的机率。

学生：雾霾中含有硝酸银和硫酸盐。

教师：还有同学补充吗？

学生：雾霾中还含有一些氮氧化物。

教师：好，同学们能够列举一些上述物质吗？

学生：硝酸钾、硝酸铵、硫酸镁、一氧化氮、二氧化氮。

教师：雾霾产生的原因到底是什么呢？

案例展示：在有些雾霾调查中认为，汽车尾气是雾霾产生的重要原因，一是汽车使用率高，再是油品质量低，尾气排放多。

教师：同学们认可这样的观点吗？

学生：认可。

教师：真的是这样吗？

案例展示。

教师：同学们觉得呢？

学生：两者都有。

教师：同学们还是很公正的，那么，事实真的是如此吗？

教师：在我国，每天都是高标准、严要求、节能减排，保护环境，为什么中国雾霾却在节能减排的趋势中逆势增长呢？

案例展示。

教师：同学们说，节能减排有没有效果？

学生：有。

教师：雾霾有没有改善呢？

学生：没有。

教师：大家想一下是不是（汽车尾气、燃煤）这两个原因啊？好像和我们的认知产生了极大的冲突。

教师：课程之始大家说：雾霾是哪里来的啊。认为是生活、工业中产生的污染。生活是什么？汽车尾气、家庭取暖；工业是什么？燃煤炼铁等。改革开放以来，我们大量地获取能源，通过能源炼铁、钢等，但实际看来，好像又不是这样。

教师：雾霾到底是从哪来的呢？

案例展示。

教师：不是汽车尾气，也不是燃煤，那是什么原因呢？是什么导致雾霾在全国节能减排的趋势中逆势增长呢？

教师：最新研究表明，中国雾霾之所以挥之不去，与微生物的繁殖有关。微生物生长最重要的养分是氨氮，氨氮融入气溶胶与微生物相遇，成为微生物快速繁殖的营养剂。

教师：同学们告诉教师，在这里，影响雾霾的主要原因放在了谁的身上？

学生：微生物的繁殖。

教师：什么导致了微生物的大量繁殖？

学生：氨氮。

教师：氨氮是怎样转化而来的呢？

师生合作：气体物质包括NO_2和SO_2，NO_2在氧化剂的作用下转化成了N_2O_5。N_2O_5又在H_2O的作用下，转化成了HNO_3，HNO_3和NH_3作用，生成了NH_4NO_3。同样，SO_2在氧化剂的作用下，生成了SO_3，SO_3和H_2O反应生成H_2SO_4，H_2SO_4在NH_3的作用下，生成了$(NH_4)_2SO_4$。

教师：这两个——NH_4NO_3、$(NH_4)_2SO_4$就是我们所说的易产生氨氮的物质。这两类物质融入气溶胶与微生物相遇，成了微生物的营养剂，造成了雾霾形成与扩散。

教师：请同学们写出这些物质之间转化的化学方程式，并以小组讨论的方式找出其中价态变化的规律，思考能否用我们数学上学习过的坐标进行展示呢？

学生：书写化学方程式，并小组展示（黑板书写）。

教师：我们一起来看看黑板上同学的书写有没有问题。

教师：完全正确。

教师：同学们学习化学的过程中，一直被物质之间写不完的方程式所困惑，今天，老师就传授给你们一个“武功秘籍”，来解决这个问题。

学生：（哇，兴奋中……）

教师：同学们思考，物质是由什么组成的？

学生：分子、离子。

教师：组成……

学生：元素。

教师：对，物质是由元素组成的，今天我们就从元素的视角，来研究物质之间的转化。以硫元素为例，硫元素形成的物质有哪些。

学生：二氧化硫、三氧化硫、硫酸、硫酸铵。

教师：还有吗？

学生：硫单质和硫化氢。

教师：好，同学们能否按照物质分类的形式将上述大家提到的物质进行分类呢？

学生：二氧化硫和三氧化硫属于氧化物，硫酸属于酸，硫酸铵属于盐，硫化氢属于气态氢化物，硫属于单质。

教师：好，这些物质中，硫元素都以哪些价态存在呢？

教师：请同学们以小组为单位，以硫元素的存在形式为横坐标，硫元素的价态为纵坐标作图，并将刚刚我们提到的物质填入其中。

小组合作，讨论作图，教师随时提供帮助。

教师：好，老师已经看到大家的图已经初具规模了，我们将这样的图称为元素的价类二维图，但同学们手中画出的图还并不完整。

教师：我们看这个图中的二氧化硫。硫元素是组成二氧化硫的核心元素，它的价态是+4价，既可以升，又可以降，因此，从氧化还原的角度看，二氧化硫既具有氧化性，又具有还原性，在工业制取硫酸的过程中，在五氧化二硫的催化下，二氧化硫被氧气氧化成三氧化硫，表现的就是还原性，二氧化硫与具有臭鸡蛋气味的气体硫化氢发生反应，可以生成硫单质，其中体现了二氧化硫的氧化性，二维图不仅体现了从元素组成和核心元素价态研究物质性质的两个视角，而且还凸显了物质之间的转化关系。以此类推，我们还可以找到图中其他物质之间的转化关系。利用价类二维图这个工具得到的不是一个个割裂的、单一的物质，而是围绕着某核心元素形成的结构化的物质系统，在这个系统中看物质，既要瞻前，又要顾后，因为物质与物质之间，有着密切的联系，通过二维图，只要锁定元素，就可以快速地找到含有该元素的物质，其中重要物质无一遗漏。

教师：请同学试着写出其他物质之间的反应。

教师：随时指导。

学生：完善二维图，并写出其中涉及的化学方程式。

教师：改正总结，并书写板书。

教师：同学们总结一下本节课学到了哪些内容。

第2小组学生：雾霾形成的转化过程。造成雾霾的硫酸盐、硝酸盐是由二氧化氮，二氧化硫不断地转化形成的。

教师：由这些物质的转化，我们知道不同物质同种元素之间可以发生相互的转化，由此，我们建立起了元素的转化观。

第6小组学生：硫酸盐与硝酸盐是间接造成雾霾形成与扩散的原因，是硫酸盐与硝酸盐融入气溶胶与微生物相遇，成了微生物的营养剂，所以雾霾不容易散去。

教师：特别好，这位同学找到了我们今天探究雾霾形成的最本质原因（掌声响起来）。

第4小组学生：气溶胶。

教师：这是我们今天复习的一个知识点，分散质与分散剂。有没有同学能针对雾霾具体说说。

第4小组学生：雾是小液滴，霾是颗粒物，这两者都是分散质，空气是分散剂，它们所形成的体系是气溶胶，如果里面的粒子直径在1~100nm之间，可以将它称之为胶体。

教师：此处应该有掌声。

第3小组学生：今天这节课颠覆了我对雾霾的一个认识，它不仅是单纯的环境问题，还有生物问题，自己今后要更加关注我身边的化学现象。

第8小组学生：今天的这个价态二维图，让我印象最深刻，觉得如果以后都能将知识这么学，自己一定会有更多的收获。

教师：同学们都说得特别好，也让老师特别的开心和感动，老师也会在今后的教学更加的用心设计，希望可以带给大家更宽广的视野、更有趣的课堂，我们今天这节课就到这里，下课。

【教学效果分析】

课堂教学之初，教师通过相关视频的播放为学生创设案例情境，镜头之下，学生聚精会神地看着这个自己每天都在经历却从未深思过的雾霾现象。继而在老师提出一系列的疑问之后，学生很快进入案例的教学情境之中，主动根据老师所提供的案例资料，从中寻找有用的蛛丝马迹。学习基础较好的学生表现出了极强的分析推理能力，在教师还未呈现案例材料时便能分析出雾霾的形成原因不只是“燃煤”和“汽车尾气”，同时能够根据教师所提供的案例素材准确抓到本节课的教学重点，画出元素二维价态转化图。教师带领学生通过元素研究物质化学性质的两个视角。从元素组成和元素价态入手，通过氮、硫元素及其化合物的相互转化，以及元素二维价态转化图的绘制，全面发展了学生“宏观辨识与微观探析”相结合的化学学科核心素养。

学习基础较弱的学生对于老师提供的案例素材有更多的依赖，但是也能够根据相应的素材找到问题的关键点，同时能够细心记录。在对事实真相的不断探索和对价态二维图绘制的过程中渗透了“科学探究与创新意识”的化学学科核心素养。本节课在通过对雾霾的层层剖析过程中，渗透了化学在推进生态文明建设、解决生态环境问题等方面的贡献，有意帮助学生形成与环境和谐共处、合理利用自然资源的观念，无形中渗透给学生“科学态度与社会责任”的学科核心素养。通过课堂实录的镜头，笔者感受到了每一位孩子学习的热情，不同于平时沉闷的课堂，孩子们也有着自己独特的创造力、想象力以及分析能力，只不过在传统的课堂教学中孩子们没有施展的空间和机会。

三、案例“H_2S 与 CO_2 协同转化”的课堂教学实施

【教学准备】

1. 明确学习目标

知识层面的目标：掌握电化学中电解池的原理。包括电极反应式和总反应式的书写；电极、电势和溶液介质的判断。应用层面的目标：通过对素材图片的剖析，能够从宏观、微观、符号等层面掌握 H_2S 和 CO_2 的转化原理和规律，具有分析和解决问题的能力。态度层面的目标：案例展示了我国科研人员对我国亟待解决能源问题的贡献，启示学生通过所学知识为祖国贡献力量，培

养学生科学态度与社会责任的化学学科核心素养。

2. 选择教学模式

对于高中学生来说，让其完全构建一个实验模型还比较困难。所以，依据"H_2S与CO_2协同转化"的案例素材内容，应选择案例探究式的教学模式，鼓励学生分析已有模型，弄懂其技术原理，引导学生将所学知识真正的内化为可以解决实际问题的技术，让学生在知识层面与前沿的科学技术达成共振，帮助学生打破书本知识与实际应用之间的障碍。

案例探究式教学模式比分析讨论式的教学模式更具开放性和灵活性。更加注重学生的主体地位，老师的引导作用。而分析模型，推敲原理这一环节，是整个案例探究式教学模式的中心环节，要求教师选好案例素材，有序引导学生，又要给学生足够的空间和时间去查阅资料，摸索和解读。是一个艰难的教学任务。

3. 设计开场白

案例探究式的教学模式以案例剖析为主，因此在这一案例教学模式下开场白应对案例进行铺设。这不仅使整个案例教学的过程流畅自然，借助案例铺设，也让学生意识到为什么科学家们会进行这样的技术探索，帮助学生在学习过程中关注国际形势、国家动态，激发学生的国家意识，树立起应有的民族责任感。

由此进行的案例铺设，打开了学生的眼界和格局，让学牛的视野不仅局限于生活层面，更上升至国家乃至国际层面，让学生自然而然地想要去求知探索。

4. 优化探究过程

在H_2S和CO_2的协同转化案例教学中，直接将我国学者最前沿的成果素材拿来让学生进行探究。探究过程中，学生需要自己查阅资料书弄懂每一部分的意义，再依据教师提供的案例资料结合已学的相关理论知识以及小组同学之间的讨论，弄懂陌生模型的原理。在此过程中，学生需要弄懂模型中所涉及的所有知识原理，将所学的片段式知识进行整合，形成知识的结构化。教师所提供的案例资料可依据不同学生小组的需要分别提供。教学课堂可打破常规的一概而论，根据不同学生的需要，提供不同程度的帮助。

5.规划黑板

案例教学秉持以学生为主体，不是单单的将课堂交给学生。学生在高中阶段还不能完全做到自主，更多的还是需要老师的引导。除了上述分析模型、推敲原理的过程外，在小组展示的过程中教师需要提前规划好黑板，为每一个小组的同学都留有一块板面。以便在每一小组同学展示的过程中可以随时提取关键信息，进行记录。这个关键信息可以是精彩的分享点，正确或错误的知识点，都需要留在黑板上。

这是另一种以学生为主体的体现。打破黑板上都是教师的板书，将学生的成果展示在黑板上，不论是对的还是错的，都是对学生的一种认可和肯定。

【教学评价】

评价的依据仍是准确的记录，在本研究的案例教学中，笔者借助课堂实录对学生的表现进行及时地翻看、回放，了解每位学生的学习状态，另一评价标准是以小组为单位的课堂总结（纸质版）。让整个评价有理有据，不凭借教师的主观臆断，后期当案例教学的方法成熟之后，可尝试小组互评等多元化的教学评价方式。

【课堂实录】

教师：在现代社会，天然气作为燃料和化工原料被大量应用在能源和化学工业中。

旁白：天然气田的天然气主要成分为甲烷（CH_4），并伴生包括二氧化碳（CO_2）、硫化氢（H_2S）等酸性气体在内的其他气体。

案例展示：H_2S有毒性，可腐蚀管道和设备，污染环境，易使生物中毒，不利于天然气下游工业生产。

案例展示：过量的CO_2会影响天然气热值，降低经济效益，在液化天然气中容易以固相析出堵塞管道。

教师：天然气中H_2S和CO_2的存在给其加工和利用带来严重的问题。如果想我们的国家强大，不在能源上受制于人，同学们，我们该怎么办呢?

学生1：多进行天然气田的开采。

学生2：还要努力提高开采技术，减少杂质气体的出现。

学生3：开采过程中肯定少不了杂质气体的出现，最重要的是采取相关的技术手段除去它。

教师：同学们都说得特别好。

投影：长期以来，科研人员的主要精力聚集在将H_2S催化燃烧为元素硫和水来消除H_2S。但CO_2对天然气的影响依旧存在。净化效果有限。

投影：科技兴则民族兴，科技强则国家强。

投影：近日，中国科学院院士、中科院大连化学物理研究所催化基础国家重点实验室、太阳能研究部研究员李灿以及研究员宗旭、博士马伟光等人提出并实现了一种利用太阳能将H_2S和CO_2协同转化为高附加值化学品的电化学策略。

教师：请同学们仔细分析一下这个模型图，猜想一下，它用的是我们化学中哪部分知识。

学生：老师看不懂，太复杂了。

教师：没关系，大家可以以小组为单位，发挥集体的力量。可以借助字典、工具书等参考资料。讨论时间三分钟。

第1小组学生：上面的板子应该是太阳能电池板，“Graphene”是石墨烯的意思。

第4小组学生：老师我们补充。右边箭头进去的是天然气和一些杂质气体。左边箭头出来的表示较纯净的天然气气体，但是含有CO杂质气体。

第5小组学生：示意图的右侧有“+”号，是正极；左侧是负极。

第7小组学生：它应用的应该是电化学知识。

第8小组学生：有正负极，用的是原电池的知识。

教师：有正负极就一定是原电池的知识吗？其他同学怎么认为呢？

第1小组学生：不是，上面有太阳能电池板，相当于电源，所以应该是电解池的原理，右侧是阳极，左侧是阴极。

教师：同学们赞同吗？

学生：赞同。

教师：特别棒，同学们说的都特别好，我们给自己鼓掌。但是这一轮2、3、6组同学比较沉默，我们要加油，后来居上。

过渡：好，我们再来具体地分析一下这个模型图的内容。

投影：该策略以廉价的非贵金属为阴极催化剂（石墨烯包裹的氧化锌）还原CO_2、以石墨烯为阳极催化剂。

教师：同学们能试着写出阴阳极的电极反应式吗？（学生似是无从下手）

教师：同学们，老师再给大家一点提示。

投影：EDTA-Fe^{2+}为氧化媒介体（用于捕获H_2S），其发生的反应为：

$$EDTA\text{-}Fe^{2+}-e^{-}=EDTA\text{-}Fe^{3+}$$

$$2EDTA\text{-}Fe^{3+}+H_2S=2H^{+}+S+2EDTA\text{-}Fe^{2+}$$

教师：同学们能判断出这是发生在哪一极的电极反应式吗。

学生：应该是阳极。

教师：为什么？

学生：上面的方程式有电子转移且失电子，所以应该是阳极。

教师：很好，完全正确。我们再来看后一个化学方程式表示的意义。

投影：化学环反应将H_2S分解为单质硫和质子，质子被用于CO_2电化学还原生成CO的反应。

教师：请同学们再试着写出阴极的电极反应式。

学生：$CO_2+4H^{+}+4e^{-}=CH_4+CO$ $CO_2+2H^{+}+2e^{-}=CO+H_2O$

教师：大家看黑板上的答案，哪一个正确呢？

学生：第一个……第二个……

教师：好，我们一起来分析一下。刚刚我们讲到阳极的氧化媒介体EDTA-Fe^{2+}失电子，变为EDTA-Fe^{3+}，发生的是氧化反应；那么，阴极一定是得电子，发生还原反应。我们再看，化学环反应是将H_2S分解为单质硫和质子，质子被用于CO_2电化学还原生成CO的反应，所以反应物中一定有H^{+}。

板书：$CO_2+H^++e^-=$

教师：那产物怎么写呢？

有同学写CO和CH_4，我们从化合价来看，CO_2到CO化合价降低，发生还原反应。如果产物中还有甲烷，我们可以看到，CH_4中C元素的化合价为−4价，CO_2到CH_4，化合价升高，已经不符合阴极反应的要求了，所以产物中不会出现CH_4，只能是CO和H_2O。完整的阴极电极反应式为：

$$CO_2+2H^++2e^-=CO+H_2O$$

教师：同学们，我们已经写完阴极和阳极的电极反应式，请同学们写一下此协同转化反应的总反应式。

学生：$H_2S+CO_2=CO+S+H_2O$

教师：非常好，同学们，由此我们可以看出，我们主要的能源气体甲烷并没有参与这个反应，这个反应主要是其杂质气体间的一个反应，因此，我们将其称为杂质气体的协同转化反应。

教师：请同学谈谈通过这个H_2S与CO_2的协同转化反应，你学到了哪些知识呢？请第2小组的同学先来吧。

第2小组学生：不是有电源的就是原电池，外加电源的是电解池。

第2小组学生：原电池的两个电极就是正负电极，是做电源的。电解池是有外加电源的，将电能转化为化学能，原电池是将化学能转化为电能。

教师：非常好，还有吗？

第3小组学生：（电解池）与电源正极连的是阴极，与负极连的是阳极。

教师：好，还有吗？

第4小组学生：阳极发生氧化反应，元素化合价升高，失电子。

第4小组学生：阴极发生还原反应，元素化合价降低，得电子。

教师：好，还有吗？

教师：老师提示一下，在这个协同转化反应中，化学环反应中出现的质子去哪了？

学生：正极

教师：嗯？是吗？

学生：（笑）阴极。

教师：对，H^+去了阴极。所以，若推广到一般概念中，我们可以说，电解质中的阳离子跑去了阴极，阴离子跑去了阳极。

教师：同学们想一下这是为什么呢？

学生：异性相吸。

教师：同学们，我们先把这个问题放一下，根据我们刚刚提到的知识，同学们能不能将其用一张图画出来呢？

教师：同学们，我们一起来看这个小组的作业情况，阳极失电子发生氧化反应，阴极得电子发生还原反应，电解质溶液中阳离子移向阴极，阴离子移向阳极，是不是都是正确的啊。好，我们再来看，电流的流向，从正极流向负极，电子移向正好相反，有没有问题。

学生：没有，有……

教师：有的同学说有，有的同学说没有。好像表面上看是没有什么问题，电流的方向与电子的方向刚好相反，我们在物理上学过，电流一定是从正极流向负极的，也没有问题，那么问题到底出在哪了呢?

教师：如果电子的流向是这个小组同学标的这样，从负极到正极，那么，我们看，阳极失电子，阴极得电子，是不是与电子的流向刚好相反了，不符合电解池的原理了。所以，在电解池中正确的电流流向应是怎样的啊?

学生：正极→阳极→电解质溶液→阴极→负极

教师：也就是说，电流依旧是从正极到负极，但是在这个过程中经过阳极、电解质溶液以及阴极。

教师：同学们现在知道为什么阳离子移向阴极了吗?

学生1：因为阴极得电子，负电荷多，需要阳离子来中和。

学生2：因为电流的方向是从电解质溶液到阴极，电流的方向是阴离子移动的反方向也就是阳离子移动的方向，所以电解质中的阳离子移向阴极。

教师：非常好!

教师：同学们，今天这节课，大家除了知识上的收获外，还有哪些收获呢?

学生1：国家要强大，就要科技强大，所以我们要好好学习。

学生2：刚开始看到那个模型图特别复杂，觉得肯定看不懂，现在觉得里面都是我们学习过的知识，所以以后自己学习时要克服自己的畏难情绪，仔细分析。

教师：好，听到同学们满满的收获，老师也特别开心，希望同学们今后每一节课都能有这样的收获，今天这节课我们就上到这里，下课!

【教学效果分析】

此为案例教学的第二节课，教师在教学过程中更为纯熟。在本节课的课堂教学中，教师将案例中更多的情境表述交给了学生，成功营造了此案例的教学情境。利用天然气地位转变的社会背景以及天然气净化这一技术背景，在教学过程中为学生展现了科学、技术、社会和环境发展的成果，展示了科研工作者的巨大成就和贡献，在教学过程中潜移默化地渗透着“科学态度与社会责任”的化学学科核心素养。除此之外，教师还以关灯、开灯等视觉的变化，为案例情境的展开渲染了更为真实的气氛，得到了较好的教学效果。

教学过程中，学生从对陌生模型的无从下手到能够将电解池的化学理论知识与案例模型进行匹配和解释，能够解释模型所表示的具体含义，逐层深入地实现了对复杂化学问题情境中关键要素的分析，成功达到了对学生“证据推理与模型认知”素养的发展与培育。

在对课堂的把控上，教师对小组的划分、组织有了更多的经验，能够对每一个小组的发言记录更加准确和及时。极大地提升了课堂效率，增强了学生学习的积极性，发挥了小组合作的优越性，使得此节案例教学的课堂实践更为成功。而“科学探究与创新意识”的化学学科核心素养也在小组合作的过程中逐步得到了发展和提升。

第五节　案例教学在高中化学教学中的效果分析

一、课堂教学效果分析

本研究对所设计的案例进行了教学实践，并进行了课堂实录。一方面，通过对课堂教学的回顾，教师在实施案例教学的过程中找到了诸多教学中的不足，更在与其他教师的共同探讨中发现了案例教学过程中的优势与缺陷，提出要根据不同学生，不同学情有针对性地设计案例，进行教学。另一方面，教师通过完整的课堂实录全面观察了学生的学习状态及听课效果，了解了学生在探究与创新等实践层面的表现，对此次课堂实践的教学效果做了更为准确的分析。

1. 教师教学效果分析

实施案例教学过程中，笔者着力避免对案例中相关化学知识的直接讲授。而是通过案例素材内容的推动，引导学生在这个过程中思考并回忆，让学生自行建构知识体系。例如，在案例“雾霾”中价类二维元素观的建立是教学计划中的重点内容，也是发展学科核心素养的必然要求。笔者首先通过雾霾形成机理的图示，引导学生了解元素化合物在这个过程中的转化关系，写出化学方程式，并进行小组展示。随后让学生以小组讨论的形式，判断这些反应属于什么反应类型？思考氧化还原反应的特征是有化合价的升降，那么这些物质在转化的过程中是否可以和化合价建立起联系呢？在这个过程中，教师给学生充分的时间进行价类二维元素图的绘制，并进行及时的帮助和指导。在“化学学科核心素养”的理论指导之下，教师着力培养学生对学习方法的建立，实现学生从单纯的知识记忆到知识的结构化目标，不仅理解知识的内涵，还能够学以致用。

2. 学生学习效果分析

从观看课堂实录的回放上看，学生的活跃性极大地被调动，课堂参与度明显提高。学生以4~6人为一小组。教学过程中每个小组的成员都进行了发言，其中有小组成员对其本组成员的发言进行补充的，有同学为其他小组成员的回答做了改进的。整个过程中充分体现了学生小组合作的积极性，以及学生在思维碰撞之下产生的智慧火花。经过粗略计算每堂课中学生的发言率均在50%以上，明显高于在实施案例教学之前在课堂表现方面对学生的统计情况。可见，案例教学的实施对学生课堂参与度的提高具有明显的促进作用。

二、案例教学在高中化学教学中的实施价值

1. 有利于搭建学生化学学科核心素养发展的平台

研究表明，发展学生的核心素养，是未来世界教育的转向，是人类发展的必然要求。为了适应国际发展需要，达到我国课程改革的要求，本研究通过对案例教学的初步探索与实践，为学生化学学科核心素养的发展搭建了可操作的平台。新课标明确规定，要以学科核心素养为导向进行试题命制。因此笔者在进行案例的编制过程中，巧妙借助了高考试题，从中提取案例情境，使所用案例素材既能不脱离高考实际，又能够紧密结合生活和相关科技前沿。案例严格依据“学科知识”“实际问题”“真实情境”进行编写，努力将化学学科核心素养渗透于其中，达到对学生“必备知识”“关键能力”“学科素养”“核心价值”的培育与关切。

2. 有利于学生实现从“学科知识”向“核心素养”的转化

在案例教学中，笔者借助真实的案例情境，巧妙地将学科知

识渗透于其中，引导学生一步一步地用所学知识，探究、解释案例中的现象或问题，让学生真实地感受到自己所学到的知识，不仅是课本上枯燥、古板的知识，而是可以应用解决问题的知识。从根本上化解掉学生心中“学习无用论”的错误观念。

在“雾霾”的案例中，教师从什么是雾霾，到雾霾从何而来，为什么在节能减排的大力倡导下雾霾却逆势增长等问题入手，带领学生们一步一步用所学的化学知识去思考以及解决问题。在此过程中，教师引导学生将碎片化的知识结构化，使学生对物质之间的相互转化有了更清晰的认识。并通过价态二维元素观的建立实现了学习思路的结构化。学生由此对组成物质的元素有了更深一层的认识，明确在一定条件下不同物质之间可以相互转化，知道了元素在不同物质中会有不同的价态，同时可通过氧化还原反应实现同种元素不同价态物质之间的相互转化。元素观的建立，是学生化学学科核心素养得到发展的重要标志。

3.有利于构建“素养为本”的课堂教学体系

在传统讲授法的教学课堂中，教师往往依照课本进行逐章内容的讲解和教授，学生在这个过程中，能够快速的学会某一内容或模块的知识。然而，在历年高中教学中发现，学生即使对某一模块或内容的知识掌握已经非常熟练，但是当做到比较综合性或是实验性的题目时，学生往往不知从何下手。究其原因，一是学生学会的知识始终是停留在课本上，没有真正内化为自己的知识；二是化学学科属于科学的起步，不是记牢相关的实验现象或是实验步骤就叫作学好了化学。化学学科更注重培养学生在设计实验、创新实验时的过程设计和环节推理。因此案例教学的提出，在某种程度上可以帮助学生打破这样一个学习的壁垒，帮助教师构建了一个以“素养为本”的课堂教学体系。

以H_2S和CO_2协同转化的案例为例，此案例的核心为开采天然气时除掉其杂质气体。提道杂质气体的去除，学生可能最先想到的是元素化合物的转化，但是我国最前沿的科学研究却以电化学的原理为基础，成功实现了二者的绿色转化。该案例借以这样一个电化学转化模型，引导学生逐步去分析其中的原理和依据，打开学生视野，以一种反证法的方式，无形中实现对化学科学实践的落实。

参考文献

[1] 辛涛，姜宇. 以社会主义核心价值观为中心构建我国学生核心素养体系[J]. 人民教育，2015（7）：26-30.

[2] 林小驹，李跃，沈晓红. 高中化学学科核心素养体系的构成和特点[J]. 教育导刊，2015（5）：78-81.

[3] 中华人民共和国教育部. 普通高中化学课程标准（实验）[M]. 北京：人民教育出版社，2003.

[4] 钟立. 科学素养中化学素养的探析与培养[J]. 化学教育，2013（11）：3-5.

[5] 张娜. 联合国教科文组织的核心素养研究及其启示[J]. 教育导刊，2015（7）：93-96.

[6] 刘新阳，裴新宁. 教育变革期的政策机遇与挑战——欧盟“核心素养”的实施与评价[J]. 全球教育展望，2014（4）：75-85.

[7] 张娜. DeSeCo项目关于核心素养的研究及启示[JI]. 教育科学研究，2013（10）：3945.

[8] 王烨晖，辛涛. 国际学生核心素养构建模式的启示[J]. 中小学管理，2015（9）：22-25.

[9] 滕裙. 21世纪核心素养：国际认知及本土反思[J]. 教师教育学报，2016（2）：103-110.

[10] 辛涛，姜宇，王烨辉. 基于学生核心素养的课程体系建构[J]. 北京师范大学学报（社会科学版），2014（1）：5-11.

[11] 夏雪梅. 基于学生核心素养的学校课程建设：水平划分与干预

实例[J]. 课程 . 教材 . 教法，2013（7）：1.

[12] 张娜 . DeSeCo项目关于核心素养的研究及启示[J]. 教育科学研究，2013（10）：39–45.

[13] 裴新宁，刘新阳 . 为21世纪重建教育——欧盟“核心素养”框架的确立[J]. 全球教育展，2013（12）：89–102.

[14] 李艺，钟柏昌 . 谈“核心素养”[J]. 教育研究，2015（9）：17–23+63.

[15] 左横 . 基础教育课程改革的国际趋势：走向核心素养为本[J]. 课程 . 教材 . 教法，2016（2）.

[16] 王宝斌 .“阿基米德支点”：发展学生化学核心素养的最佳切入点——以“几种重要的盐”教学为例[J]. 中学化学教学参考，2016.

[17] 王宝斌 . 核心素养培养：化学教学的应然追求——以“常见的碱”为例[J]. 教育研究与评论（课堂观察），2016（2）：51–55.

[18] 田卫兵 . 如何在化学教学中培养学生的核心素养和学科关键能力[J]. 数理化学习，2016（4）：62–63.

[19] 郭瑞春 . 化学核心素养的养成探索——以物质的量教学为例[J]. 教学月刊 . 中学版（教学参考），2016（6）：3–6.

[20] 胡先锦，胡天保 . 基于发展学科核心素养的高中化学教学实践与思考[J]. 中学化学教学参考，2016（7）：4–7.

[21] 李映雪 . 基于“核心素养”的化学课堂教学思考[J]. 新课程（下），2016（4）：207.

[22] 史寒明 . 基于化学核心素养的在教学中培育合作能力的研究[J]. 考试周刊，2016（43）：142.

[23] 林小驹，李跃，沈晓红 . 高中化学学科核心素养体系的构成和

特点[J]. 教育导刊，2015（5）：78-81.

[24] 杨晓珍 . 建立思维模型，培养学生在电化学高考备考中的化学核心素养[J]. 新课程（中），2015（2）：96+98.

[25] 曾晓军 . 基于化学学科核心素养的生活化问题教学思考[J]. 教育教学论坛，2016（9）：265-266.

[26] 朱立明 . 基于深化课程改革的数学核心素养体系构建[J]. 中国教育学刊，2016（5）：6-80.

[27] 房宏 . 中学化学核心素养的构成体系与培养策略[J]. 中小学教师培训，2016（6）：5-8.

[28] 束长剑 . 漫谈化学学科的核心素养[J]. 中学化学教学参考，2016（9）：45-46.

[29] 李宏春 . 基于化学核心素养的微课教学实践和思考[J]. 化学教与学，2016（7）：34-36+20.

[30] 王陈颖 . 基于高中生核心素养培养的元素化合物知识教学研究[D]. 杭州：杭州师范大学，2016.

[31] 任雪明 . 构建体现化学学科核心知识、素养和能力的化学课程体系[J]. 化学教学，2014（10）：92-93.

[32] 王云生 . 基础教育阶段学科核心素养及其确定——以化学学科核心素养为例[J]. 福建基础教育研究，2016（2）：7-9.

[33] 何彩霞 . 化学单元教学设计的探索[J]. 化学教育，2008（3）：6-9.

[34] 王磊，黄燕宁 . 单元教学设计的实践与反思——以“氧化还原反应”教学单元为例[J]. 中学化学教学参考，2009（3）：9-11.

[35] 何彩霞 . 化学学科观念建构是单元教学的核心——“物质的分类”单元教学的思考[J]. 化学教育，2009（2）：17-19+42.

[36] 何彩霞 . 整体把握和实施观念建构的化学教学研究——以高中

化学必修1“离子反应”单元为例[J]. 中学化学教学参考，2011（7）：12–14.

[37] 王钦忠. 概念为本的化学教学——以“自然界的水”单元为例[J]. 中学化学教学参考，2011（9）：18–19.

附　录

附录1　化学核心素养理念指导下的元素化学单元教学调查问卷

本次调查将是匿名问卷，仅研究使用，请您如实填写，感谢您的支持。

化学核心素养是以宏微结合的思想、化学语言的应用和科学探究的方法等学科特点为基础结合核心素养的内容体系以满足个体具备健全的人格、友好与他人相处和适应社会发展的关键能力和品质。

请您选出最适合自己情况的答案。

1.要探索高中学生的核心素养，您觉得从社会、与他人和个人发展的角度去考虑合理吗？

A.非常合理　　B.合理

C.不合理　　D.极不合理　　E.其他

2.以高中化学学科为背景，您认为高中学生化学核心素养的探索从社会的物质性，与世界对话和本科目不同知识点融合、其他科目相关知识的关联性，与个人思维发展和社交技巧发展的角度去考虑合理吗？

A.非常合理　　B.合理

C.不合理　　D.极不合理　　E.其他

3.以高中化学学科为背景，社会的物质性指：物质的支柱性、物质的两面性和物质的有限性，您同意这种观点吗？

A.非常同意　　B.同意

C. 不同意　　D. 极不同意　　E. 其他

4. 以高中化学学科为背景，与他物相处的角度去考虑学生化学核心素养的发展，包括两个方面：符号表征和学科交融、同学科不同知识相容；您同意这种观点吗？

A. 非常合理　　B. 合理

C. 不合理　　D. 极不合理　　E. 其他

5. 以高中化学学科为背景，从个人发展的角度考虑学生化学核心素养的发展，包括思维发展和社交发展（分享、交流、合作）。您同意这种观点吗？

A. 非常合理　　B. 合理

C. 不合理　　D. 极不合理　　E. 其他

6. 以元素化学为背景，物质的支柱性是指物质的发现，制备和用途；物质的两面性是指物质的使用是有限的，我们应该要有节约意识。您同意这种观点吗？

A. 非常合理　　B. 合理

C. 不合理　　D. 极不合理　　E. 其他

7. 以元素化学为背景，化学语言作为一种符号表征，与世界对话，这是化学科目独有的特征。您同意这种看法吗？

A. 非常合理　　B. 合理

C. 不合理　　D. 极不合理　　E. 其他

8. 以人教版必修化学 1 教材为例，元素化学教学应该渗透前两章的概念原理知识，您同意这种做法吗？

A. 非常合理　　B. 合理

C. 不合理　　D. 极不合理　　E. 其他

9. 化学作为科学之一，其教学与物理、生物有密不可分的联系，您同意这种观点吗？

A.非常合理　　B.合理

C.不合理　　D.极不合理　　E.其他

10.以高中化学学科为背景，个人思维的发展包括：思维视角（指从微观的角度去学习化学物质）；思维理念（化学核心概念）；思维创新（在化学实验的基础上开发、锻炼思维）。您同意这种观点吗？

A.非常合理　　B.合理

C.不合理　　D.极不合理　　E.其他

11.以高中化学学科为背景教学，应该注意小组学习、合作学习来培养学生的合作、交流和分享等社交技巧。您同意这种观点吗？

A.非常合理　　B.合理

C.不合理　　D.极不合理　　E.其他

12.由于化学核心素养是学生在高中化学科目的背景下培养学生的关键品质和能力，其生成性在1个课时中很难实现，因此我们注重单元教学的系统性来实现化学核心素养的渗透。您同意这种观点吗？

A.非常合理　　B.合理

C.不合理　　D.极不合理　　E.其他

13.以元素化学单元教学设计为例，其设计理念应以“问题链——促进化学核心思维的建构、情境——感受化学存在的真切、化学实验——体现探究化，绿色化和微型化”为主。您同意这种观点吗？

A.非常合理　　B.合理

C.不合理　　D.极不合理　　E.其他

14.化学核心素养指导下的元素化学单元教学的目标的确定，应该从“中学化学课程标准，学生的认知特点和实践情况和化学核心素养指导下元素化学核心内容”三个方面去考虑。你同意这种观点吗？

A.非常合理　　B.合理

C.不合理　　D.极不合理　　E.其他

15.在化学核心素养指导下的单元教学时应注重知识之间的逻辑性和核心素养的实效性。您同意这种观点吗？

A.非常合理　　B.合理

C.不合理　　D.极不合理　　E.其他

16.化学核心素养指导下的元素化学单元教学时应注意物质、符号表征和个人思维、社交技巧发展的有效融合。您同意这种观点吗？

A.非常合理　　B.合理

C.不合理　　D.极不合理　　E.其他

17.化学核心素养指导下的元素化学单元教学设计时，应该处理好整体和部分、知识的层次性和素养动态性的关系。您同意这种观点吗？

A.非常合理　　B.合理

C.不合理　　D.极不合理　　E.其他

18.在讲金属化合物Na_2O_2时，我们的教学目标是让学生掌握其氧化性，我们应该根据原理解释其用途并让学生知道其用途。您同意这种观点吗？

A.非常合理　　B.合理

C.不合理　　D.极不合理　　E.其他

19.以化学1中的铁的化合物教学为例，其物质性表现在赤铁矿和铁红，与他物的关系表现在：氧化还原反应和离子反应方程式，物质分类，铁与磁；个人发展发现为：从离子的角度去理解化学反应；从元素观、变化观去认识元素化学实质；从二价铁和三价铁的相关实验体验、分析实验现象。您同意这种观点吗？

A.非常合理　　B.合理

C.不合理　　D.极不合理　　E.其他

20.在化学核心素养指导下的元素化学教学实施中，我们应注重其动态评价。您同意这种观点吗？

A.非常合理　　B.合理

C.不合理　　D.极不合理　　E.其他

附录2　化学核心素养教学实践实效性前测题

一、选择题

1.在你学过的非金属元素组成的物质中，比如氧气、二氧化碳、三大酸等，这些物质在我们的生活中有着不可磨灭的作用，你觉得这表现了物质的（　）。

A.支柱性　　B.两面性

C.有限性　　D.其他

2.三大化石燃料是我国最基础的能源，然而化石燃料的燃烧造成了一系列的空气污染问题。这表现了物质的（　）。

A.支柱性　　B.两面性

C.有限性　　D.其他

3.水是我们的生命之源，地球上70%是水资源，但是我们人类可用的淡水资源少之又少。这说明化学物质（　）。

A.支柱性　　B.两面性

C.有限性　　D.其他

4.我们在实验室制取氧气时，所用到的化学知识有（　）。

A.化学实验基本操作　　B.化学反应分类

C.化学用语　　D.化学计算

5.化学是在原子、分子的层次上研究物质组成、结构、性质及其变化的一门科学，这句话中能够说明化学有别于其他科目的特点是（　）。

A.分子、原子的层次上（宏微结合）　　B.物质的组成

C.物质的变化　　D.物质的性质

6.化学的研究对象是物质，大千世界物质如此之多，将物质进行了分类以便于我们的学习。这种学习方法属于（　）。

A.思维创新　　B.思维逻辑

C.思维理念　　D.思维视角

7.化学的研究方法之一是化学实验，遵循探究化，绿色化和微型化的原则设计实验方案。在设计实验的过程中主要能锻炼了（　）。

A.实践能力　　B.创新能力

C.动手能力　　D.提取信息能力

8.在学习时，你觉得在小组讨论、合作学习环境下主要需要的品质是（　）。

A.分享交流　　B.合作意识

C.各持己见　　D.自我思考

9.研究出元素周期表的科学家是（　）。

A.门捷列夫　　B.道尔顿

C.瓦拉锡　　D.舍勒

二、填空题

1.（以金属及其化合物为知识载体）写出你认为该物质作为人类生活支柱性的物质：________________________________。

2.（以金属及其化合物为知识载体）写出具有两面性的物质：______、______。

3.（以金属及其化合物为知识载体）写出具有两面性的物质：______、______。

4.写出下列物质或反应的化学方程式

（1）偏氯酸钠：______________________________。

（2）二价铁和氯气反应（离子反应方程式）：______________。

5.将Na_2CO_3和$NaHCO_3$混合物19g，充分加热后，收集到CO_2有1.12L（标准状况），冷却后将剩余固体溶于300mL水中，求：

（1）原混合物中Na_2CO_3的质量：______________________。

（2）所得溶液的物质的量浓度。要做对这道题需要用到的化学知识类型有______、______、______。

三、解答题

1.举出你生活中可以用宏微结合的视角解释的现象。（两个例子）

2.我们说思维理念可以引导我们举一反三，比如说："分类观"；在金属元素化学中，我们学到了多种多样的化学物质，在此我们用分类观将物质系统化；以铝元素为例，用树状图对所学物质进行分类。

3.在制取有氢氧化亚铁的时候，我们要用密封装置；请你画出两种密封装置。

4.当你在生活中或学习中遇到困难时，你会怎么做。

5.你觉得化学科目相对于其他科目而言，有什么特点。

附录3 化学核心素养教学实践实效性后测题

一、选择题

1.我们学习的非金属及其化合物中：氨、硫酸、硝酸等物质是我们人类社会前进的动力，这说明化学物质具有（ ）。

A.支柱性　　B.两面性

C.有限性　　D.其他

2.硫酸铵作为一种氮肥，其补充给植物所需的氮元素，但是最后硫酸根会留在土壤里，使土壤酸性增加，不利于作物生长。这说明化学物质具有（ ）。

A.支柱性　　B.两面性

C.有限性　　D.其他

3.化学可以帮助人类合成所需要的东西，但是物质并不是取之不尽、用之不竭的。这说明化学物质具有（ ）。

A.支柱性　　B.两面性

C.有限性　　D.其他

4.（多选）在学习氨气的性质课本实验4-8时，我们所需要用到的化学知识有哪些（ ）。

A.化学实验基本操作　　B.氧化还原反应

C.离子反应　　D.物质分类

5.（多选）下列哪个化学概念不是从微观的角度研究化学物质的（ ）。

A.物质的量　　B.离子反应

C.氧化还原反应　　D.物质的结构

6.每个科目都有自己独特的理念去指引该科目的学习，下列属于化学理念的是（　）。

A.物质观　　B.元素观

C.变化观　　D.人生观

7.利用化学实验研究化学物质为人类做出了很多贡献；你觉得化学实验要有所价值，最主要的是（　）。

A.思维理念　　B.思维创新

C.思维视角　　D.思维价值

8.（多选）在学习课本96页【思考与交流】时，你觉得在此学习过程中最重要的是（　）。

A.分享交流　　B.合作意识

C.各持己见　　D.自我思考

9.氯气的发现者是（　）；氨气的发现者是（　）。

A.哈伯、舍勒　　B.舍勒、哈伯

C.道尔顿、哈伯　　D.道尔顿、舍勒

二、填空题

1.（以非金属及其氧化物为知识载体）写出你认为该物质作为人类生活支柱性的物质：__________________。

2.（以非金属及其氧化物为知识载体）写出具有两面性的物质：______、______。

3.写出下列物质的化学式或反应的化学方程式：

（1）次氯酸钠：________________________________。

（2）实验室制取氯气：____________________________。

4.在一定温度和催化剂作用下，NO跟NH_3可以发生反应生成N_2和H_2O。现有NO和NH_3的混合物1 mol，充分反应后所得产物中，经还原得到的N_2比经氧化得到的N_2多1.4g。已知反应的化学方程式：

$$4NH_3+6NO═5N_2+6H_2O$$

（1）若在标准状况下有4.48 L氨气完全反应，则转移的电子数约为___。

（2）若以上反应进行完全，试计算原混合物中NO与NH_3的物质的量之比为___。

要解答此题所用到的化学知识类型有：___、____、____。

三、解答题

1.举出你生活中可以用宏微结合的视角解释的现象。（三个例子）

2.我们说思维理念可以引导我们举一反三，比如说："变化观"；在你学过的所有化学反应中，应用变化观解释化学反应都有哪些？

3.我们说在制取有毒气体的时候，需要用尾气处理装置。请你画出三种尾气处理装置。

4.我们的化学课本中有《思考与交流》《学与问》《实践活动》等栏目，在应用这些栏目教学的时候你学到了什么？从《科学视野》中你学到了什么？

5. 你觉得化学科目相对于其他科目而言，有什么特点？在此科目中你学到了哪些对你人生发展有用的东西？

附录4　化学核心素养访谈提纲

核心素养是指核心素养是个人为了健全自身人格，友好与他人相处和适应社会发展所具备的关键知识、能力和品格。

1. 从核心素养的角度出发，您觉得在化学课堂上除了化学知识之外，最重要的给学生传达什么？

2. 以人教版必修化学1元素化学为例，您觉得在元素化学当中应该渗透哪些化学核心素养？

3. 化学核心素养的渗透是一个漫长的过程，您觉得对于元素化学而言，应该选择课时教学设计、节教学设计、单元教学设计和学期教学设计哪一种？

4. 您认为化学单元教学会对化学核心素养有哪些影响？

后　记

本书在相关“核心素养”文献综述法的基础上，结合新课程改革以来高中化学的特点，探索了化学核心素养的内容体系。

在相关“单元教学”的相关理论的基础上得出了“化学核心素养理念指导下元素化学单教学”目标分析模型和教学设计模型。

基于以上理论笔者通过对核心素养教师问卷调查和访谈分析得出，以上核心素养内容体系、目标分析模型和教学设计模型得到了一线教师的认可，因此其具有实践价值和教学推进意义。

通过“理论上案例分析”和“实践上教学实效性实验研究”结合得出：“化学核心素养指导下的元素化学单元教学”具有实效性，有利于提高高中学生的化学核心素养。

结合以上结论得出化学核心素养理念指导下的单元教学策略：教材内容的适当增减，教材栏目的合理应用，单元教学评价的多元化。

由于笔者能力和时间的有限，本书仍存在一些不足之处，希望更多的学者和一线教师对笔者探索的化学核心素养内容体系的内容提出宝贵意见，使其不断完善。